JN255544

保育・教職実践演習

〔第2版〕

保育者に求められる保育実践力

小原敏郎・神蔵幸子・義永睦子　編著

榎田二三子・岸井慶子・永倉みゆき・西村美紀・宮川萬寿美・矢萩恭子　共著

建帛社
KENPAKUSHA

まえがき

　幼稚園免許・保育士資格の取得に必要な教科目として「教職実践演習」「保育実践演習」が新設され，2010（平成22）年度入学生から適用されるようになりました。これらの科目は，専修学校・大学の最終年限の後期に開講され，全学年を通じた「学びの軌跡の集大成」となるように位置づけられています。また，科目新設の背景には，幼児教育・保育領域において確かな実践力と豊かな人間関係力を備えた人材の養成がますます求められている現状があると考えられます。

　わが国の幼児教育，保育の現状を鑑みましても，少子化や都市化の進行にともなう家族や地域のつながりの希薄化，家庭や地域の子育て力の低下，子ども同士の関係や遊びの質の変化など，多くの課題が散在しています。子どもの育ちや子育てをめぐる環境が大きく変化している今だからこそ，保育者（幼稚園教諭・保育士）の養成段階において，質の高い保育実践力をいかに育んでいくかが問われているといえます。

　本書は，新設された「教職実践演習」「保育実践演習」のテキストとなるように作成されたものです。本書の特徴としてまず，内容の柱として保育者の専門性の基礎となる保育実践力の養成を位置づけていることがあげられます。そして，この科目で求められている理論と実践の有機的な統合を図っていく学びが可能となるように，「Ⅰ理論編」「Ⅱ方法・技法編」「Ⅲ実践・演習編」という3部構成としました。すなわち，「理論編」では，今，どのような保育実践力が求められているかを，これまでの学びを踏まえて振り返ることができる内容となっています。「方法・技法編」「実践・演習編」では，保育者養成における学びが実際の保育にどのようにつながっていくかを，学生自らが課題に気づき，主体的に取り組めるワークシートや保育事例によって学ぶことができます。なお，本書では，「教職実践演習」と「保育実践演習」の科目のねらいや内容が類似していることから，特に分けて論じた方がよい場合を除き，名称として「保育・教職実践演習」を用いています。

　最後に「保育・教職実践演習」は，保育者養成においてその重要性がいわれてきた学びの連続性，いわゆる「つながり」を意識した学びが特に求められる科目といえるでしょう。本書を通した学びが，これまでの養成段階における学びの「つながり」，養成段階と保育実践との「つながり」を意識できるものとなることを期待します。

2013年2月

編　者

第2版刊行にあたって

　本書は，2018（平成30）年に施行される新しい「保育所保育指針」「幼稚園教育要領」「幼保連携型認定こども園教育・保育要領」に対応するかたちで改訂しています。

　現在，子どもの育ちや子育てをめぐる環境は大きく変化しています。変化が大きい時代だからこそ，本書で取り上げている保育実践力をいかに育んでいくかが問われています。本書の学びを通して，保育の“根っこ”をしっかりと育て，実際の保育の場に巣立っていくことを期待しています。

2018年2月

編　者

目　　次

┃　理　論　編

III　実践・演習編

事例1　幼稚園・保育所・認定こども園と小学校の連携　89
　　　　—子どもの共通理解—

事例2　生き生きと遊ぶ子どもの生活　93

事例3　保育のねらいを踏まえた指導計画の作成　97

第1章

保育とは，保育者の仕事とは
―保育者に求められる役割―

📖学習のねらい

　皆さんはこれまで保育者を目指し，幼稚園教諭免許状や保育士資格の取得を目標に，それぞれの課程の専門科目を学び，実習をしてきた。

　ここでは，その最後の仕上げとして，保育とは何か，保育者の仕事とはどのようなものであるかについて改めて見つめ直そう。そして，一人ひとりが，これまでの学びを振り返り，新たに再構成，統合して，自分の言葉で表現してみよう。

　具体的には，次の3点を学習のねらいとする。

① 保育とは，保育者の仕事とは，どのようなものか，理解する。
② 保育をめぐる社会的状況と保育者に求められる役割を理解する。
③ 保育者として成長していくために必要なプロセスについて理解する。

1. 保育とは，保育者の仕事とは

① 育つ「子ども」と保育者の役割

　子どもとは，どのような存在なのだろうか。

　子どもは，生活や遊びの中で日々成長していく。子どもは，大人とやり取りをしながら，また，子ども同士関わりながら，学び，成長していく。

　保育者は，子どもと共にいて，子どもと交わる人である。保育者は，子どもが存分に自らの生活や遊びができるよう心を配り，ある時は直接，また，ある時は間接的に環境や関係に働きかけて，援助をする。

　子どもの成長・発達には，いくつもの特徴があるが，ここでは特に子どもに関わる人，保育者として，心に留めておきたいいくつかのことを確認しておこう。

⑴ 子どもは「自ら育つ力」を持ち，周りに様々なサインを発している

　乳幼児は，生きていくうえで，まだ大人の世話を必要としているが，決して無力で受身の存在ではない。自ら育つ力を内に秘めている。まだ，「言葉」を話せない乳児でも，色々なことを感じ，身体の動き，行動，表情，声，泣き声など，様々なかたちで，周りに向けてサインを送っている。幼児期，言葉を話していても，その奥には，言葉で表現しつくせない思いやつもりがある。

　子どもに関わる人は，子どものサインをキャッチし，読み取り，応える力をつけていきたい。また，子どもの「自ら育つ力」を引き出す知恵や，工夫を凝らす力を高めたい。

(2)　子どもは応答的環境と適切な援助の中で，基本的信頼感を育み，新しい経験を重ねる

　人とのタイミングの良いやり取りの中で，子どもは愛着関係を形成し，基本的信頼感を確立していく。そして，子どもは，「大好きな人」を心の安全基地として，また，仲立ちとして，新しい経験と出会い，遊びや生活を通して世界を学ぶ。子どもの働きかけに応じる人や物の「応答的環境」の中で，子どもの意欲が育つ。そして，子どもは，環境へ自ら働きかけ，五感を通して経験を重ね，成長していく。テレビやDVD，ゲーム機器，パソコン，インターネットなど，人工的で過度な刺激が注がれる生活環境は，子どもの生活リズムを乱し，心身の成長・発達とそのバランスに，マイナスの影響を与える恐れが大きい。

　子どもと関わる人は，子どもにとって適切な関わりや環境について，子どもの視点から見つめる目をもっておきたい。

(3)　子どもは，周りの人や社会との「関係」の中で生きている

　家庭で，また，集団保育の場で，様々な人や物と関わり，子どもはヒトから人へと，育っていく。人としての基盤が形成される乳幼児期は，子どもにとって健やかな充実した生活や遊びの営みの日々でありたい。

　子どもの思いや持っている力を見つけ伸ばすこと，そして，子どもと周囲の人や物との関係が発展的に展開していくように配慮することで，子どもの総合的な育ちが促される。

　大人が期待するような行動を子どもが取っていないとき，また，大人から見て理由がよく分からない行動を子どもがしたとき，しばしば大人は困ってしまい，子どものことを「困った子」「この子には問題行動がある」と表現してしまうことがある。本当にそうなのだろうか。実は，「子ども」一人が問題なのではなく，子どもと周りの人や物，あるいは社会との「関係」がうまくいっていないことが問題なのである。

　困ったことの原因を子どもの中に見て子どもを批判するのではなく，「困った関係」を解きほぐし，子どもの成長を援助する視点で，問題状況への取り組み方や，子どもへの関わり方を工夫してみよう。

(4)　子どもは，様々な環境の重なりの中で育っている

　家庭においても，保育所や幼稚園などの集団保育の場においても，保育，すなわち子どもに関わる営みは展開されている。家庭での生活や遊びと，集団保育の場での生活や遊びは，子どもにとって一続きのものである。両方の環境での体験を通して，子どもは育つ。

　保育者には，家庭と集団保育という2つの場の連続性と，それぞれの場で体験できることの特徴を，意識して捉え，連動させながら進めていく配慮が必要となる。子どもにとって，家庭での保育も集団保育も充実したものとなるように，また，相互に良い影響を及ぼし合うように，家庭と集団保育の連携のあり方を考えていきたい。

　また，子どもは，集団保育の場と家庭のみならず，地域社会，そして社会全体の影響を受けて生きている。例えば，都市部の待機児童の課題と地方の園児数減少の課題，社会全体を見渡せば，少子高齢社会の進行と経済的な社会情勢，世界の潮流など，すべてが子どもや保護者の生活，園環境や保育の進め方に，直接間接に影響を及ぼしているのである。

子どもの環境を多面的，重層的に捉え，子どもの理解と保育につなげたい。

⑸　子どもには「子どもの権利」がある

子どもにも，大人と同様に，人としての権利がある。

子どもの権利は「児童の権利に関する条約」や「児童福祉法」により保障されている。子どもは，成長・発達の途上にある存在として大人から保護されるだけでなく，権利の主体として，「教育を受ける権利」「余暇を楽しむ権利」「通信・プライバシーの保護」「意見表明権」など，一市民としての権利も定められている。

子どもは，成長の途上にあるため，自分が権利を持っていることを知らなかったり，社会に向けて主張することが難しかったり，十分な判断ができないことがある。そのため，子どもの近くにいる大人は，子どもの立場に立って物事を感じ考える視点を持つことが必要である。保育を進めるときに，保育者としての視点と子どもからの視点の両方を持つことが求められる。また，子どものアドボケイター（代弁者）として，「子どもの最善の利益」が守られるよう，その環境を整え，関わり，社会に向けて発信していかなければならない。

② 保育者とは，専門職としての保育者の仕事とは

⑴　保育者とは

保育者とは，広い意味では，子どもに関わる全ての人である。その中で，保育士や幼稚園教諭は，資格や免許を持ち，保育の営みを職業として行う専門家である。なお，本書で保育者という場合は，主に専門職としての保育者を示している。

保育の営みとは，子どもに寄り添い，命を守り，遊びや生活など総合的な活動と環境を通して子どもの心身の成長を支える仕事である。

大正から昭和の時代にかけて幼児教育に関わり日本の保育の原点を確立した倉橋惣三は，その著書『育ての心』の序において，次のように記している。

> 「自ら育つものを育たせようとする心。それが育ての心である。」[1]
> 「育つものの偉（おお）きな力を信頼し，敬重して，その発達の途（みち）に遵（したご）うて発達を遂げせしめようとする。役目でもなく，義務でもなく誰の心にも動く真情である。」[1]

これから保育の仕事につくあなたは，今，これを読んで，どのように感じるだろうか。

⑵　専門職としての保育者の仕事とは

専門職としての保育者の仕事は，子どもに生活や遊びを提供することにとどまらない。自らも子どもの育つ環境を構成する人的環境であることを自覚し，子どもにとって適切な関わりを常に意識する。そして，物的環境，人的環境の両方の視点から，子どもの環境をより良いものにしていく努力をする。その中で，保護者の相談にのり，保育に関する専門知識を活用して保護者を援助し，子育ての支援をする立場にある。これらについては，学校教育法，児童福祉法，幼稚園教育要領，保育所保育指針に定められている。詳細については，第3章（p.21〜）を参照してほしい。

③　保育の中で育ち合う子どもと保護者と保育者

(1)　子どもや保護者に育てられる保育者

　保育者が，子どもや保護者に適切に，効果的に関わるには，子どもや保護者がどのように感じているのかを受け止める必要がある。表面的な行動や言動だけをちょっと見ただけでは，その奥にある思いは汲み取れない。

　謙虚に，子どもや保護者と同じ目の高さになり，同じ立場ならばどのように世界は見えるのか，感じられるのか，感性と想像力を働かせて，子どもや保護者が感じている世界，見ている世界を共有し，共感し，学び，応じたい。そして，保育者としての視点から見えることと子どもや保護者からの視点から見えることの両方を大事にしながら，保育の実践に取り組みたい。より良い保育を目指し子どもや保護者に関わろうとすることは，子どもや保護者から新しい視点を学び，新たな経験に導かれることにつながっていく。子どもや保護者と関わる中で，保育者も育てられるのである。

(2)　互いに育ち合う保育者，自ら育ち続ける保育者

　保育をしていると，迷ったり，うまくいかないと感じたり，どうしてだろうと不思議に思ったり，なんとも楽しい，幸せな時間を過ごすことができたり，と様々な体験がある。

　保育者同士で，その体験を語り合い，感想や気づきを話し合うと，新しい見方に出会ったり，似たような体験に共感したりするだろう。また，自分の心に残ったエピソードを書き残し，しばらくたって読み返すと，その間に積み重ねた保育の体験と，記録に残されたいくつかのエピソードが重なり，再構成されて，また，新たな発見がある。

　様々な子ども達や保護者との出会いは，保育者が，さらに新たな世界と出会い保育実践を広げ深めるきっかけや原動力となる。感動や疑問，気づきを持ちながらさらに保育の実践を積んでいく中で，新たに気づきを実践に活かす機会が重ねられ，経験や理論を実践の中で具現化する方法が見出され，保育に深みや広がりが増していく。

　免許や資格の取得は，保育者としてのスタートラインに立ったということである。自らの保育者としての資質を磨くため，また，保育の質を高め子どもや保護者の未来を拓くため，自己研鑽や国内外での研修を通して自ら育ち続ける保育者でありたい。

２．保育をめぐる社会的状況

　幼稚園，保育所，認定こども園は，それぞれ「学校教育法」，「児童福祉法」，「認定こども園法〔就学前の子どもに関する教育，保育等の総合的な提供の推進に関する法律，2012（平成 24）年改正〕」の規定により定められる設備及び運営についての基準，設置基準などを遵守すること，子どもの保育と教育を一体的に進めること，保護者に対する子育て支援を行うことが明記されている。

　幼稚園，保育所，幼保連携型認定こども園の幼児教育・保育の理念，ねらいや内容については，それぞれ「幼稚園教育要領」「保育所保育指針」「幼保連携型認定こども園教育・保育要領」に定められている。幼稚園，保育所，認定こども園に求められる機能のうち，保育・教育内容のさらなる充実，保育時間の長時間化，子育て支援・保護者支援，小学校との接続の強化等は，共通したものである。

１　幼稚園をめぐる動向

　「学校教育法」では，学校の種別を法的に規定し，幼稚園についても定めている。2007（平成 19）年の改正では，「幼稚園は，義務教育及びその後の教育の基礎を培うものとして，幼児を保育し，幼児の健やかな成長のために適当な環境を与えて，その心身の発達を助長することを目的とする。」（学校教育法第 22 条）とされ，学校教育の初めの場としての幼稚園の位置づけが明確になった。

　幼稚園教育の基本については，幼稚園教育要領〔2017（平成 29）年告示〕前文，第 1 章総則，及び本書の第 3 章（p.21〜）を参照してほしい。

　2017（平成 29）年の幼稚園教育要領の改訂（平成 29 年 3 月告示）では，これまでと同様に，幼児期の教育は幼児期の特性を踏まえ「環境を通して行う教育」が基本とされた。さらに，「幼児教育において育みたい資質・能力の三つの柱」（「知識及び技能の基礎」「思考力，判断力，表現力等の基礎」「学びに向かう力，人間性等」）を踏まえ，「幼児期の終わりまでに育ってほしい姿」を「10 の力」で示し明確化した。これらは，個別に取り出して身につけさせるものではなく，遊びを通しての総合的な指導を行う中で，一体的に育んでいくことが重要とされている。総合的な遊びについては，「主体的・対話的で深い学び」を実現することが求められている。

　幼稚園教育で「幼児期の終わりまでに育ってほしい姿」を示し，小学校教育ではスタートカリキュラムを学習指導要領に明確に位置付けることにより，幼稚園等と小学校とで 5 歳児終了時の姿が共有化され，幼児教育と小学校教育との接続の一層の強化を図るねらいがある。なお，「幼児期の終わりまでに育ってほしい姿」は 5 歳児後半の評価の手立てとなる。ここでは「幼児期の終わりまでに育ってほしい姿」は「向上目標（方向目標）」であり，「到達目標」ではない。幼児の評価については，これまで通り，幼児一人一人の良さや可能性を把握するなど幼児理解に基づいた評価を実施するというこれまでの評価の考え方が引き続き明記されている。他の幼児との比較や一定の基準に対する達成度についての評定によってとらえるものではないことに留意する必要がある。

② 保育所をめぐる動向

　保育所の理念，ねらいや内容については，保育所保育指針〔2017（平成29）年告示〕に示されている。その詳細については，本書の第3章（p.21〜）を参照してほしい。

　2000（平成12）年の改定で「子どもの最善の利益を考慮する」「保護者に対する支援」「地域における子育て支援」が明記された。2003（平成15）年の児童福祉法の一部改正では，「保育士」資格は名称独占となり，保育士資格のない人は保育士と名乗ることができなくなった。2008（平成20）年の改定で「保育所保育指針」は告示化，大綱化され，どの保育所でも守らなくてはならない法的義務が明確化された。

　2017（平成29）年の保育所保育指針の改定は，幼稚園教育要領〔2017（平成29）年告示〕の改訂と併せて，幼保連携型認定こども園教育・保育要領の改訂とともに行われたものである。

　保育所保育指針の改定〔2017（平成29）年告示〕では，乳児・3歳未満児保育の記載の充実，幼児教育の積極的な位置付け，健康及び安全の記載の見直し，子育て支援の章の新設，職員の資質・専門性の向上についての記載内容の充実が図られた。

③ 認定こども園をめぐる動向

　認定こども園は，2006（平成18）年に成立した「認定こども園法」に規定された保育と教育を一体的に行い，保護者に対する子育て支援の機能を持つ，都道府県知事の認定を受けた，就学前の子どものための教育・保育施設である。

　2012（平成24）年の「認定こども園法」の改正では「幼児期の教育及び保育が生涯にわたる人格形成の基礎を培う重要なものであること」が明記された。幼保連携型認定こども園における保育者の職名は幼稚園教諭免許状と保育士資格の両方を持つ「保育教諭」とされた。

　「幼保連携型認定こども園教育・保育要領」は，幼稚園教育要領及び保育所保育指針との整合性を確保すること，並びに小学校における教育との円滑な接続に配慮して定めることとされている。「幼保連携型認定こども園教育・保育要領」の改訂〔2017（平成29）年告示〕は，幼稚園教育要領と保育所保育指針の改訂・改定に合わせて行われた。幼稚園教育要領と保育所保育指針の改訂・改定のポイントは教育・保育要領にも加えられた。さらに，幼保連携型認定こども園として特に配慮すべきこととして，①満3歳以上の園児の入園時や移行等の配慮，②多様な経験を有する園児同士の学び合いについて，③長期的な休業中やその後の教育及び保育の工夫について，④子育て支援に関して，多様な生活形態の保護者が在園していることへの配慮や地域における子育ての支援の役割について，記載が充実された。

3．自ら育つ保育者となるために
―「理論・方法・実践」と「情緒・認識・行為」の視点から―

　これまで見てきたように，現在，乳幼児の保育の場ではいずれも，子どもの保育だけで

なく，保護者の指導，支援にも関わることが，保育者に求められている。これは，保育現場に出たその日から，保育者として求められる働きである。また，さらなる保育の質の向上が求められている。

　その期待に応えるために，保育現場に出るまでの間に，できるだけ多くのことを学んで身につけておきたい。また，現職の保育者となってからも，さらに保育者としての資質を高め続けていきたい。

　しかし，どのようにしたら，保育者としての資質を向上させることができるのだろうか。

　保育者の仕事は，一生学び続ける，終わりのない旅にたとえられる。保育の知識と経験の積み重ねが不可欠なのである。これから初めて保育の現場に本格的に飛び込む学生には，仕事につけば，一日目から子どもに関わり，子ども集団を運営し，保護者に対応していかなければならないという現実がある。また，子ども達も，その人生の大事な時期に出会った保育者と共に，人として育っていくのである。ベテランの保育者にも，経験の浅い保育者にも，同じように，保育者としての責任がある。

　実際のところ，現場での経験が少ない保育者一年生は，ベテランの保育者のようには動けないかもしれない。子どもの様子が十分に読み取れないかもしれないし，どのように関わったらよいのか具体的な方法や基本的な考え方が思いつかないかもしれない。子ども達や保護者の前で，緊張して頭が真っ白になってしまうかもしれない。また言うことを聞いてくれない子どもに対してイライラして，怒りを感じてしまうかもしれない……。どうしたらよいのだろう。

　大丈夫。経験の少なさをカバーし，保育者として育っていくためのヒントがある。これから見ていこう。

1　経験の蓄積と知識の構造化 ―理論・方法（手立て，技法）・実践の相即的展開―

　保育者が熟達していくには，経験が長ければそれでよいのだろうか。

　知識や経験が増加して蓄積されることは必要条件であるが，それだけでは十分でなく，知識を相互に結び付けてそれを問題解決に使うことができるようになること（知識の構造化）が必要になる。

　保育について学んだ様々な理論や保育技術，そして保育現場での経験といった，一つひとつのばらばらな知識を臨機応変に活用することができるまでには，どのような作業が展開されているのだろうか。

　例えば，集団保育場面で1つのまとまった活動を行う場合を思い浮かべてみよう。

　1つの活動を行う場合でも，保育技術があればできるのではない。共に活動を進める子ども達の発達とそれに応じた援助がイメージできて，実技と発達と援助についての知識を活用しながら進めると，その活動が子ども達にとって充実した時間となる可能性が高いだろう。実際にその活動を行ってみると，一人ひとりの子どもの感じ方や理解の仕方，反応は実に様々である。保育者は目の前の子ども達の様子を受け止め，「この年齢なら」と大まかに予想していた子ども達のイメージを，より細やかな，一人ひとりの個別性を意識したものに修正しながら，それらに配慮した活動を展開しようと試みるだろう。また，一人

ひとりへの配慮と同時に，活動内容の発展やクラス集団としての成長，時間や空間の枠組み，安全性など，多面的な視点も取り入れながら，活動の進め方を模索するだろう。

　このような一つひとつの子どもとの活動ややり取りは，これまで身につけた知識や保育技術を総合的に活用する必要がある。しかし，まったく同じことが再現されることはない，1回きりの経験でもある。その1つの経験の中から，次の保育実践につながる学びを得るには，どのようにしたらよいだろうか。例えば，保育者自身の喜びや戸惑いや子どもの表情，活動の展開などを手がかりに，様々な視点から振り返り，考察，検討することが重要である。それが新たな視点や手立て，原理原則，これからの保育へのヒントを得ることにつながる。そして，それは，次の保育場面で応用し，活用することができる。もちろん，前のやり方を表面だけまねてそのままやっても，うまくいくものではない。単に，「保育の引き出し」を増やすだけでなく，保育実践の積み重ねを通して，一つひとつの手立て（方法）の奥にある共通性，大きな原理原則など（理論）が次第に見えてくると，子どもの個別性や状況に合わせた対応の仕方が，新たに編み出され活用（実践）されていく。

　このように，実践と理論と，それらをつなぐ具現化の手立て（方法・技法）の3つが，絶えず相互に試行のプロセスとなりながら展開していくこと，すなわち，理論・方法・実践の相即的（互いに反映させながらの）展開によって，経験の蓄積が知識の構造化へと進んでいくといえる。

② 知識を保育行為として具現化していくために —情緒・認識・行為の統合的展開—

　構造化された知識を，さらに保育の場面で行為として実現していくためには，何が必要なのだろうか。

　感性や情緒を豊かに働かせることとともに，客観的に観察し分析する認識的な力も必要である。しかも，いかなる場面でも，感情に流されることなく落ち着いて安定感をもって行動すること。表現力を豊かに創造力をもってふるまう大胆さに加え，先を見通して行動する冷静さも同時に持ち合わせることも必要であろう。

　日吉は，「保育実践力」について，次の3つの領域をあげている。① どのような状況においても，行為する人としての私自身（自己）の可能性の拡大，② 集団状況における認識と行為の拡大，③ 保育状況における課題場面への発展的な関わり方[2]。

　「臨機応変」と言われる行動の基盤には，知識の構造化だけでなく，情緒と認識と行為のバランスの取れた統合があるのである。

　知識の構造化と保育行為の具現化を進めていくには，個々で行う学習から互いに学び合うものまで，様々な方法や技法がある。また，方法，技法ごとに開発される内容に特徴がある。

　本書「Ⅱ方法・技法編」（p.51〜）では事例検討やグループワーク，心理劇・ロールプレイング，プレゼンテーションなどを紹介している。また本書「Ⅲ実践・演習編」（p.89〜）では，学習を深めるための様々な素材を用意している。これらを活用して，保育実践力を磨いていこう。

演 習

[1] 保育とは，保育者の仕事とは，どのようなものか，自分の言葉でまとめてみよう。

[2] 今，社会から求められている保育者の役割とは，どのようなものだろうか。それは，具体的にどのような保育場面でその役割が発揮されるだろうか。

[3] あなたが目標やモデルとしたい保育や保育者を見つけよう。これまで出会った保育者や，保育での関わりを思い出し，互いに紹介してみよう。反面教師などの例では，単に批判に終わらせず，自分ならどうしたいか，またその理由も考えてみよう。

[4]　あなたはどのような保育者になりたいだろうか。またどのような保育を目指したいだろうか。自分の言葉で表現してみよう。また，互いに発表し合おう。

[5]　実習の中で臨機応変に対応することが必要だった場面をあげ，次の点について話し合ってみよう。
　　①　想定していたことに対して，どのような予想外のことが起こったのか。
　　②　臨機応変に対応するためには，どのような点への予測や配慮，知識が必要だろうか。

[6]　臨機応変に対応することが必要だった保育場面について，次の点について検討してみよう。
　　①　対応する時に気持ちの面で大変だったこと，行動に表わす時に難しかったことはどのようなことか。
　　②　①の課題を解決していくためには，これからどのような力をつけていく必要があるだろうか。どのようにしたらその力を身につけられるか，具体的に考えてみよう。

第2章

保育実践力を育む 保育・教職実践演習

📖 学習のねらい

　今日，乳幼児期の教育・保育の重要性がますます指摘されている。そして，幼児教育・保育の重要性が論じられるほど，当然その質も問われている。本章では，以下のポイントに示したように，まさに「保育の質」の基本とされる保育者（幼稚園教諭・保育士）の実践力について論じるとともに，「保育・教職実践演習」のねらいや到達目標などについて考えていきたい。

① 幼児教育・保育の場で求められる保育実践力について理解する。
② 保育実践力と保育・教職実践演習との関係について理解する。
③ 保育・教職実践演習のねらいや到達目標などについて理解する。

1．保育実践力が問われる背景

　近年，少子化や都市化といった子どもを取り巻く社会環境や生活環境が大きく変化している。結果として，子ども同士の遊びやトラブルの体験，異年齢の子どもとの交流の機会が減少し，生活の中で育まれるべき人間関係力や規範意識が育ちにくくなっている。このような現状の中，保育者（幼稚園教諭・保育士）には，「いま・ここ」に生きている子ども達のことを第一に考え，よりよい成長・発達を支援する役割がますます求められているといえる。政府の答申やさらにはOECD†（経済協力開発機構）の提言など世界的な乳幼児期の教育・保育の動きを見ても，人の生涯にわたる乳幼児期の大切さや，幼児教育・保育の質をいかに向上させるかが今日の重要な社会的な課題として論じられている。

　例えば2005（平成17）年の中央教育審議会答申「子どもを取り巻く環境の変化を踏まえた今後の幼児教育の在り方について」では，幼児期は，「心情，意欲，態度，基本的生活習慣など，生涯にわたる人間形成の基礎が培われる極めて重要な時期である」とされている。さらに，答申では，「我々大人は，幼児期における教育が，その後の人間としての生き方を大きく左右する重要なものであることを認識し，子どもの育ちについて常に関心を払うことが必要である」とされている。

　また，2012（平成24）年1月には，OECD が「Starting Strong Ⅲ：幼児教育・保育のための質の高い方策」を発表し，加盟国の「保育政策調査」を実施した結果から，乳幼児

---

† 　OECDは，先進工業諸国の国内外の経済政策を調整するための国際機関である〔日本は1964（昭和39）年に加盟〕。2012（平成24）年3月現在34ヵ国が加盟している。OECDの教育委員会は，加盟国の幼児教育保育政策の改善を促すために，「保育政策調査」を実施し，1998年～2012年の間で報告書「Starting Strong Ⅰ～Ⅲ」を刊行している。

期の教育・保育の質の向上が，環境，経済，社会の面において持続可能な発展をもたらすと提言している。

　このように乳幼児期の教育・保育の重要性に関する議論は言を待たない。わが国でも幼児教育・保育の重要性がさかんに論じられ，当然，「保育の質」を問う機運も以前より高まっているといえる。では次に，「保育の質」のまさに中核となる保育者の実践力をどのように捉えればよいか。そして，どのように保育実践力を養成していくかを述べていきたい。

2. 保育実践力とは

① 従来から指摘されている保育者の専門性

　ここではまず，保育者（幼稚園教諭・保育士）の専門性がこれまでどのように論じられているかを見ていく。そのことを踏まえ，「保育実践力」をどのように捉えればよいかを明らかにする。

　文部科学省が2002（平成14）年に示した幼稚園教員の資質向上に関する調査研究協力者会議報告書「幼稚園教員の資質向上について－自ら学ぶ幼稚園教員のために」では，幼稚園教諭に求められる専門性として次の8つがあげられている[1]。

① 幼児理解・総合的に指導する力。
② 具体的に保育を構想する力，実践力。
③ 得意分野の育成，教員集団の一員としての協働性。
④ 特別な教育的配慮を要する幼児に対応する力。
⑤ 小学校や保育所との連携を推進する力。
⑥ 保護者及び地域社会との関係を構築する力。
⑦ 園長など管理職が発揮するリーダーシップ。
⑧ 人権に対する理解。

　また，保育士の専門性としては次の6つをあげることができる[2]。

① 子どもの発達に関する専門的知識を基に子どもの育ちを見通し，その成長・発達を援助する技術。
② 子どもの発達過程や意欲を踏まえ，子ども自らが生活していく力を細やかに助ける生活援助の知識・技術。
③ 保育所内外の空間や物的環境，様々な遊具や素材，自然環境や人的環境を生かし，保育の環境を構成していく技術。
④ 子どもの経験や興味・関心を踏まえ，様々な遊びを豊かに展開していくための知識・技術。
⑤ 子ども同士の関わりや子どもと保護者の関わりなどを見守り，その気持ちに寄り添いながら適宜必要な援助をしていく関係構築の知識・技術。
⑥ 保護者等への相談・助言に関する知識・技術。

　このように今日の保育者に求められる専門性は多岐にわたって論じられている。この本の読者は保育者を目指す学生が多いと思われるが，先に示した専門性がどのくらい身についているだろうか。確かにこれら一つひとつの知識や技術はどれも大切であり，知識や技術を習得することが，専門性の高い保育者になることの必要条件といえるかもしれない。しかし，知識を増やしたり，技術を高めるだけでよいかというとそうではない。実際の幼児教育・保育の場は，小学校以上の学校教育とは異なり，一定の時間や空間の枠組みがある授業が展開されているわけではない。そのため，刻々と変化する状況や一人ひとりの子どもの様子に考慮した複雑で多元的な判断や関わりが特に求められるのである。このような保育の場で求められる専門性について，高濱の指摘が参考になる。高濱は，「豊富な知識を相互に結びつけて多面的に考慮すること，多くの知識の中から適切だと考えられる対応策を選び出すこと，ある目標をめざすには何から手をうてばよいかを予測することなどを可能にするダイナミックな機構を想定する必要がある」[3]として保育者の専門性を論じている。

② 保育実践力を構成する要素

　これまでに見てきた保育者の専門性についての記述から，本書において「保育実践力」をいかに捉えるかを明らかにしたい。すなわち，本書では，「保育実践力」を「乳幼児の生活や遊び場面において，一人ひとりの子どもの様子や刻々と変化する状況を多面的に捉え，子ども達が『いま・ここで，あたらしく』ふるまえる状況を即応的に展開する力」と捉えることとする。本書では，「保育実践力」を，単に“○○ができる”などといった能力やスキルとして単純に捉えない。つまり，保育者の専門性として身につけるべき「保育実践力」は，いくつかの核となる知識・技術，さらには保育に向かう姿勢を総合したものであると同時に，保育実践の中で，自己の知識や技術を常に再構成していくプロセスを含むものとして考えたい。

　では，もう少し分かりやすくなるように，「保育実践力」を構成する核となる知識・技術，保育に向かう姿勢とは何か，また，自己の知識や技術を再構成するプロセスとは何かを図で説明する。図2-1に示したように，核となる「保育実践を支える知識・技術」として，「一人ひとりの子どもの育ちの理解」「保育の『ねらい』『内容』の設定」「子どもの行為や保育者の援助の予測」「保育環境の構成・遊びの展開」が考えられる。さらに，「保育に向かう姿勢」として，「社会性・コミュニケーション力」「保育職につく使命感や倫理観」「保育職のやりがいや困難をのりこえる姿勢」が考えられる。

　そして，保育実践力が発揮される「いま・ここでの保育実践」では，矢印で示したように，保育者は自身に蓄積された知識や技術を常に状況に応じて再構成しながら保育実践に取り組んでいるのである。さらに，「保育実践力」が向上するとは，より多くの知識や技術を蓄積することや保育に向かう姿勢を高めることであるとともに，刻々と変化する状況に応じた対応ができるように，自己の保育実践を振り返り省察を重ねることであるといえる。

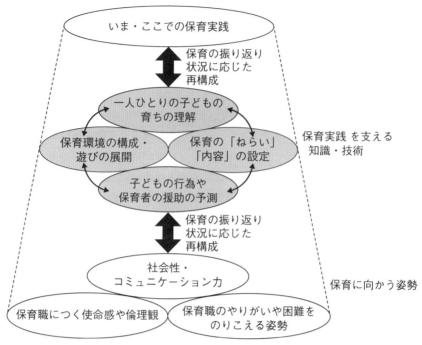

図 2-1　保育実践力を構成する要素と保育実践との関係

　では，保育実践力について具体的な事例で考えてみよう。以下の事例は，保育所で実習した学生が記した保育記録に書かれていた 3 歳児と 4 歳児の子ども同士のトラブルの事例である。

> **事　例**
>
> 　3 歳児ひろくんと 4 歳児たかしくんがウルトラマン人形の取り合いをしている。ひろくんは人形を 3 体持っていたが，たかしくんの持っている人形が欲しくなり泣き始めた。私は，泣いているひろくんをまず落ち着かせようと声をかけた。そして，なぜ，泣いているのかをひろくんとたかしくんに聞いた。その時，たかしくんの持っている人形で遊びたいというひろくんの気持ちは受け止めたいと思った。しかし，ひろくんは，3 体も人形を持っていて，他のお友達も遊べないし，たかしくんは人形を 1 体しか持っていない。私は，「たかしくんが人形を渡したら遊べなくなるよ」とひろくんに伝えた。たかしくんは，「交換ならいいよ」と言ったが，ひろくんは，たかしくんの持っている人形をみんな使いたいと言い張る。

　この後の実習生の記録には，「一人 2 体までにしようか」という提案では納得せず，「交換するのと，先生が人形もらうのとどっちがいい」と強く言うと，何とか交換して遊ぶことができたと記されていた。

　この事例を授業で紹介し，学生に意見を聞くと，6 割以上の者が，この事例の実習生が提案した「一人 2 体までにしようか」という働きかけに賛同する。一方で，経験豊富な保育者に聞いてみると，結果として平等に分けることが子ども達にとってよい解決になるかどうか，簡単に答えは出せないという。この違いはなんであろうか。

　この事例の実習生は，子どもの気持ちを受け止めようとする保育の「ねらい」や，子ど

も達に同じ数のものを平等に与えるというある種の倫理観にしたがって行動したと考えられる。一つひとつのことを取り出して考えると，考え方は間違っていないかもしれない。しかし，このような型通りの知識や技術をもって子ども達と関わっていると，保育者も子ども達も息が詰まる思いをするのではないだろうか。一方で，経験豊富な保育者は，ウルトラマン人形が**ひろくん，たかしくん**にとってどのような思い入れのあるものかという意味づけや，この時期のクラスの雰囲気や遊びの展開，保育者の働きかけがどのような結果を及ぼすかといった予測など，物事を状況に応じて多面的に結びつけて捉えるのではないだろうか。その結果，"一人2体"という結果としての平等を解決策として示すのではなく，例えば，**ひろくん**が"4体全部"を使うという一見平等ではない結果を導き出すこともあり得る。繰り返しになるかもしれないが，保育実践力とは，形式化した決まった答えを導き出す力ではない。刻々と変化する状況や子ども一人ひとりに「いま・ここで」求められる事柄を選択し判断する力，蓄積された知識や技術を結びつけて実践する力である。このような保育実践力を向上させるには，この事例に示したようなできごとを多く経験し，日々の保育を振り返る中で，蓄積された知識や技術を結びつけて再構成していくことが常に求められるのである。

　次に「教職実践演習」「保育実践演習」科目について述べていく。なぜなら，これらの科目の学びの目標や内容が，保育実践力の育成に密接に関わっているからである。

3．　保育実践力を育む保育・教職実践演習の位置づけ

　幼稚園免許，保育士資格の取得に必要な教科目として「教職実践演習」「保育実践演習」が，2010（平成22）年度入学生から適用されている。科目新設の経緯に簡単に触れると，2008（平成20）年の中央教育審議会答申「今後の教員養成・免許制度の在り方について」では，「確かな実践力と豊かな人間関係力を備えた人材」の養成が危急の課題とされ，大学などでの実践力育成がこれまで以上に求められるとされた。この答申を受け，幼稚園教諭免許取得のための科目として「教職実践演習」が新設された。また，保育士の養成過程においても免許法施行規則の改正を受け，「保育実践演習」の修得が必要となっている。

　次に文部科学省のホームページにおいて記されている「教職実践演習」の趣旨やねらいについて見ていく[4]。

　「教職実践演習」は，教職課程の他の授業科目の履修や教職課程外での様々な活動を通じて，学生が身につけた資質能力が，教員として最小限必要な資質能力として有機的に統合され，形成されたかについて，課程認定大学が自らの養成する教員像や到達目標等に照らして最終的に確認するものであり，いわば全学年を通じた「学びの軌跡の集大成」として位置づけられている。学生はこの科目の履修を通じて，将来，教員（保育者）になるうえで，自己にとって何が課題であるのかを自覚し，必要に応じて不足している知識や技能などを補い，その定着を図ることにより，教職生活をより円滑にスタートできるようになることが期待される。

　また，科目の趣旨を踏まえ，授業内容などには，教員（保育者）として求められる以下

の4つの事項を含めることが適当とされている。

① 使命感や責任感，教育的愛情等に関する事項。
② 社会性や対人関係能力に関する事項。
③ 幼児児童生徒理解や学級経営等に関する事項。
④ 教科・保育内容等の指導力に関する事項。

　これらの4つの事項は，前述した保育実践力を構成する要素と多くの部分で重なっており，この科目での学びが保育実践力の育成につながっていくと考えられる。なお，本書では，「教職実践演習」と「保育実践演習」の科目のねらいや内容が類似していることから，特に分けて論じた方がよい場合を除き，名称として「保育・教職実践演習」を用いる。

4．到達目標及び授業方法

　ここでもまず，文部科学省のホームページにおいて記されている「教職実践演習」の記述[4]を参考にし，「保育・教職実践演習」の到達目標及び授業方法について見ていく。

① 到達目標

　到達目標は，「保育・教職実践演習」に含めることが必要な4つの事項について，学生が具体的にどの程度のレベルまで修得している（身についている）ことが必要かを示した基本的・共通的な指標である。具体的な内容は表2-1を見てほしい。

② 授業方法

　「保育・教職実践演習」は，最終年限の後期に設定され，演習科目として適正な規模（おおむね20名程度）とすることが求められている。また，大学の実情に応じて，ティーチングアシスタント（TA）などを活用するなど，授業形態の工夫を図る必要があるとされている。

　授業方法に関しては，「保育・教職実践演習」では，理論と実践の有機的な統合が図られるような新たな授業方法を積極的に開発・工夫することが求められる。具体的には，授業内容に応じて，例えば，教室での役割演技（ロールプレイング）やグループ討論，実技指導のほか，園や教育委員会（行政）などとの協力により，実務実習や事例研究，現地調査（フィールドワーク），模擬保育などを取り入れることなどが考えられている。

　次頁に想定される主な授業形式を紹介する。

表2-1　「保育・教職実践演習」の到達目標について

含めることが必要な事項	到達目標
①使命感や責任感，教育的愛情等に関する事項	・教育・保育に対する使命感や情熱を持ち，常に子どもから学び，共に成長しようとする姿勢が身に付いている。 ・高い倫理観と規範意識，困難に立ち向かう強い意志を持ち，自己の職責を果たすことができる。 ・子どもの成長や安全，健康を第一に考え，適切に行動することができる。
②社会性や対人関係能力に関する事項	・教員（保育者）としての職責や義務の自覚に基づき，目的や状況に応じた適切な言動をとることができる。 ・組織の一員としての自覚を持ち，他の教職員と協力して職務を遂行することができる。 ・保護者や地域の関係者と良好な人間関係を築くことができる。
③幼児児童生徒理解や学級経営等に関する事項	・子どもに対して公平かつ受容的な態度で接し，豊かな人間的交流を行うことができる。 ・子どもの発達や心身の状況に応じて，抱える課題を理解し，適切な指導を行うことができる。 ・子どもとの間に信頼関係を築き，学級集団（集団）を把握して，規律ある学級経営（クラスの経営）を行うことができる。
④教科・保育内容等の指導力に関する事項	・教科書の内容（保育内容）を理解しているなど，学習指導（保育）の基本的事項（教科等（保育内容等）の知識や技能など）を身に付けている。 ・板書，話し方，表情など授業（保育）を行う上での基本的な表現力を身に付けている。 ・子どもの反応や学習の定着状況（子どもの反応や状況等）に応じて，授業計画（指導計画）や学習形態等（保育方法）を工夫することができる。

　資料：文部科学省『教職実践演習（仮称）について」の到達目標に関する内容』（http://www.mext.go.jp/b_menu/shingi/chukyo/chukyo0/toushin/06071910/014.htm）2008年を，「保育・教職実践演習」に適するように（下線部分）を追加。

　① **役割演技（ロールプレイング）**
　　ある特定の幼児教育・保育のテーマ（例えば，子ども同士のトラブルの場面，特別な支援が必要な子への対応など)に関する場面設定を行い,各学生に様々な役割(例えば，子ども役，保育者役，保護者役など）を割り当てて，指導教員による指導のもとで演技を行う。
　② **事例研究**
　　ある特定の幼児教育・保育のテーマに関する実践事例について，学生同士でのグループ討議や意見交換，研究発表などを行う。
　③ **現地調査（フィールドワーク）**
　　ある特定の幼児教育・保育のテーマに関する実践事例について，学生が保育現場などに出向き，実地で調査活動や情報の収集を行う。

　本書では，「保育・教職実践演習」の授業方法として求められる役割演技（心理劇・ロールプレイング）・グループワーク・事例研究（検討）などについて，「Ⅱ．方法・技法編」（p.51〜）において授業実践の例をあげながら詳しく説明している。

5．「保育・教職実践演習」の課題

　最後に「保育・教職実践演習」の課題について述べたい。

　「保育・教職実践演習」のねらいとして，全学年を通じた「学びの軌跡の集大成」となり，将来，保育者・教員になるうえで，自己にとって何が課題であるのかを自覚し，必要に応じて不足している知識や技能などを補い，その定着を図ることが期待されている。このような科目のねらいを達成するためには，授業内容の精査や厳選，授業方法の工夫が何よりも求められるであろう。

　そして，授業内容・方法の実際的な課題では，第 1 に，入学から卒業までの間，教職課程の授業の中で何を学んだのかを学生が自己評価する「履修カルテ」の記入が義務づけられていることである。右の表 2-2 は，文部科学省が例示した学生に求められる必要な資質能力に関する「履修カルテ」の評価項目を，筆者が幼児教育・保育の領域に合うように若干語句を修正したものである。見て分かるように，現在，例示された「履修カルテ」では，学生が継続的に多岐にわたる項目に回答することが求められている。一般的にこれらチェックリスト形式の評価は，結果が数値化できるなどの分かりやすさがある反面，評価を行うこと自体が目的となりやすいという問題がある。今後，学生が授業で何を学んだかを主体的に振り返り，さらに，自己の保育実践力を向上させるために，どのような学びが必要かを知る手がかりとなるような「履修カルテ」†の開発が求められている。

　また，授業内容・方法に関して，理論と実践の有機的な統合が図られるような新たな授業方法を積極的に開発・工夫することが求められる。確かに授業方法として例示されたロールプレイングや事例研究は有効な手段であろうかと考えられる。しかし，安易にこれらの方法を使うことで，学生の個人的な経験が暴露されるような結果を招いたり，安易な「即戦力の育成」や「How to 的な方法論の教示」といった内容に偏ってしまうかもしれない。授業者が実施の目的やねらいを明確にし，実施上の基本原則をよく理解することが課題となり，なおかつ，授業者と学生が共に学び合うといった姿勢が求められる。

---

†　文部科学省の次のホームページには「履修カルテ」の例が示されている。http://www.mext.go.jp/component/a_menu/education/detail/__icsFiles/afieldfile/2011/07/22/1267752_06.pdf

表2-2　履修カルテの例　必要な資質能力についての学生の自己評価の項目，指標

項目	項目	指　標	到達目標との対応
教育・保育についての理解	教職の意義	教職・保育者の役割，職務内容，子どもに対する責務を理解していますか。	使命感や責任感、教育的愛情
	教育の理念・教育史・思想の理解	教育・保育者の理念・教育史・保育に関する歴史・思想についての基礎理論・知識を習得していますか。	使命感や責任感、教育的愛情
	教育の社会的・制度的・経営的理解	教育・保育の社会的・制度的・経営的理解に必要な基礎理論・知識を習得していますか。	使命感や責任感、教育的愛情
子どもについての理解	心理・発達論的な子ども理解	子ども理解のために必要な心理・発達論的基礎知識を習得していますか。	幼児児童生徒理解や学級経営
	共に育つ集団の形成	子ども達が共に育つ集団の形成に必要な基礎理論・知識を習得していますか。	幼児児童生徒理解や学級経営
	子どもの状況に応じた対応	特別に支援が必要な子どもの教育・保育などについて、個々の子どもの特性や状況に応じた対応の方法を理解していますか。	幼児児童生徒理解や学級経営
他者との協力	他者意見の受容	他者の意見やアドバイスに耳を傾け、理解や協力を得て課題に取り組むことができますか。	社会性や対人関係能力
	保護者・地域との連携協力	保護者や地域との連携・協力の重要性を理解していますか。	社会性や対人関係能力
	共同での保育を実施	他者と共同して保育を企画・運営・展開することができますか。	社会性や対人関係能力
	他者との連携・協力	集団において、他者と協力して課題に取り組むことができますか。	社会性や対人関係能力
	役割遂行	集団において、率先して自らの役割を見つけたり、与えられた役割をきちんと果たすことができますか。	社会性や対人関係能力
コミュニケーション	発達段階に対応したコミュニケーション	子どもたちの発達段階を考慮して、適切に接することができますか。	社会性や対人関係能力
	子どもに対する態度	子どもと分け隔てなく接したりするなど、親しみを持って接することができますか。	社会性や対人関係能力
	公平・受容的な態度	子どもの声を真摯に受け止め、公平で受容的な態度で接することができますか。	社会性や対人関係能力
	社会人としての基本	挨拶、言葉遣い、服装、他の人への接し方など、社会人としての基本的な事項が身についていますか。	社会性や対人関係能力
教育課程に関する基礎知識・技能	学習指導要領	幼稚園教育要領・学習指導要領の内容を理解していますか。	教科・保育内容等の指導力
	教育課程の編成に関する基礎理論・知識	教育課程の編成の意義や編成に関する基礎理論・知識を習得していますか。	教科・保育内容等の指導力
	情報機器の活用	情報教育機器の活用に係る基礎理論・知識を習得していますか。	教科・保育内容等の指導力
	教育・保育の指導法	教育・保育の指導法 [各教科の指導法、保育の5領域（健康、人間関係、環境、言葉、表現）]に係る基礎理論・知識を習得していますか。	教科・保育内容等の指導力
教育実践	教材分析能力	教材を分析することができますか。	教科・保育内容等の指導力
	構想力	教材研究を生かした保育内容を構想し、子どもの反応を想定した指導案としてまとめることができますか。	教科・保育内容等の指導力
	教材開発力	発達段階や個々の子どもの状況に応じた教材・資料を開発・作成することができますか。	教科・保育内容等の指導力
	展開力	子どもの反応を生かし、皆で協力しながら保育を展開することができますか。	教科・保育内容等の指導力
	表現技術	的確な話し方や態度、姿勢など保育を行ううえでの基本的な表現の技術を身につけていますか。	教科・保育内容等の指導力
	クラス経営力	クラス（集団）として育てていくことを意図した教育・保育課題を作成することができますか。	幼児児童生徒理解や学級経営
課題探求	課題認識と探求心	自己の課題を認識し、その解決にむけて、保護者への支援、などの教育、保育に関心を持ち、自分なりに意見を持つことができていますか。	幼児児童生徒理解や学級経営
	教育時事問題	特別支援教育、保護者との支援、保育・教育に関する新たな課題に関心を持ち続ける姿勢を持っていますか。	使命感や責任感、教育的愛情

注：文部科学省が示した「履修カルテ」を参考にして筆者が作成。

演　習

[1] 保育者（幼稚園教諭・保育士）を取り巻く今日的な課題について，新聞やインターネットなどから情報を集め，その内容について話し合ってみよう。

[2] 本節で取り上げた「保育実践力」について，どの程度身についているか，何が足りないかを書きだしてみよう。

[3] 卒業後に「保育実践力」を育むにはどのような経験が大切かを，6人程度のグループで話し合ってみよう。

第3章 保育の場における保育実践力 I
―保育実践の原理―

📖 学習のねらい

　幼稚園，保育所，幼保連携型認定こども園における保育実践は各園各様で，保育形態や保育内容も，それぞれが独自に特色ある保育を行っているようにみえる。この各園の特色ある実践は，それぞれの園の設立・建学の精神に基づき，地域の実態や保護者からの要望に応えることなど，色々な要素が総合され，創意工夫を積み重ねて今日に至った結果であるといえる。しかし，各園各様に見える保育実践にも，その根底には，乳幼児期の子どもの保育・教育に関する共通の基本的な原理が存在している。本章では，保育者として捉えておくべき保育実践の原理について確認していく。

① 保育の基本をなす理念や，法的根拠について確認する。

② 保育の目標，計画などの構造を理解する。

③ 保育実践における PDCA サイクルを活用する。

1．保育の基本をなす理念，法的根拠など

　保育者を志す者は，その基本として，どのような保育をしたいのかという，保育観をもつことが大切である。自分が受けてきた教育や，学んだ知識，あるいは実践で出会った保育者などから，いろいろな影響を受けたことと思うが，それらを統合して，なおかつ自分自身としての理想を思い描き，子どもに向き合う保育者としての根本姿勢を考えることが必要である。

　ここでは各人が自分の保育観を形づくるまでに捉えておくべき保育の原理としての理念や法律などを確認していく。

① 児童憲章

　まず，「児童憲章」［1951（昭和26）年］から見ていくことにしよう。

　児童憲章はその前文に「われらは，日本国憲法の精神にしたがい，児童に対する正しい観念を確立し，すべての児童の幸福をはかるために，この憲章を定める」として次の3つをあげている。

> 児童は，人として尊ばれる。
> 児童は，社会の一員として重んぜられる。
> 児童は，よい環境のなかで育てられる。

　この大きな理想の下に，乳幼児期の保育・教育が行われていくことの大切さを認識して

おかなければならない。そして日々の実践での，子どもとの向き合い方に，この理念が生かされているかどうか，省察することを怠ってはいけない。また，日々の具体的な実践における保育内容の計画や環境構成においても，その根本に，この理念が生かされることを確認していく必要がある。

　児童憲章には，前文に続いて 12 の項目が掲げられている。それらを熟読し，十分に認識しておこう。

> **児童憲章** （前文省略）
>
> 1　すべての児童は，心身ともに，健やかにうまれ，育てられ，その生活を保障される。
> 2　すべての児童は，家庭で，正しい愛情と知識と技術をもって育てられ，家庭に恵まれない児童には，これにかわる環境が与えられる。
> 3　すべての児童は，適当な栄養と住居と被服が与えられ，また，疾病と災害からまもられる。
> 4　すべての児童は，個性と能力に応じて教育され，社会の一員としての責任を自主的に果たすように，みちびかれる。
> 5　すべての児童は，自然を愛し，科学と芸術を尊ぶように，みちびかれ，また，道徳的心情がつちかわれる。
> 6　すべての児童は，就学のみちを確保され，また，十分に整った教育の施設を用意される。
> 7　すべての児童は，職業指導を受ける機会が与えられる。
> 8　すべての児童は，その労働において，心身の発達が阻害されず，教育を受ける機会が失われず，また児童としての生活がさまたげられないように，十分に保護される。
> 9　すべての児童は，よい遊び場と文化財を用意され，わるい環境からまもられる。
> 10　すべての児童は，虐待・酷使・放任その他不当な取扱からまもられる。あやまちをおかした児童は，適切に保護指導される。
> 11　すべての児童は，身体が不自由な場合，または精神の機能が不十分な場合に，適切な治療と教育と保護が与えられる。
> 12　すべての児童は，愛とまことによって結ばれ，よい国民として人類の平和と文化に貢献するように，みちびかれる。

② 児童の権利に関する条約

　1989（平成元）年に国際連合において採択されたこの条約は，日本は 1994（平成 6）年に批准し，通称「子どもの権利条約」と呼ばれている。内容には，「差別の禁止」や「生命への権利，生存・発達の確保」，「意見表明権」，「プライバシー・通信・名誉の保護」その他，多岐にわたる項目が掲げられている。この中の，第 3 条は「最善の利益」として，第 1 項に「児童に関するすべての措置をとるに当たっては，公的若しくは私的な社会福祉施設，裁判所，行政当局又は立法機関のいずれによって行われるものであっても，児童の最善の利益が主として考慮されるものとする」と記されている。この子どもの「最善の利

益」という言葉は，保育所保育指針でも，2000（平成 12）年の改定以来，「保育所の目的」の(1)に記されている。この考え方は，保育所保育のみならず，広く，子どもに関わることへの対処についての根本の姿勢とすべきものとして捉えておく必要がある。

③ 幼稚園教育要領，保育所保育指針，幼保連携型認定こども園教育・保育要領

　幼稚園，保育所，幼保連携型認定こども園の保育は，それぞれ幼稚園教育要領，保育所保育指針，幼保連携型認定こども園教育・保育要領に準拠して行われなければならない。幼稚園教育要領は，1956（昭和 31）年の発行から 5 度の改訂を経て現在に至り，保育所保育指針は，1965（昭和 40）年にガイドラインとして出されてから 4 度の改定を経て現在に至っている。幼保連携型認定こども園教育・保育要領は 2014（平成 26）年に告示されたが，幼稚園教育要領，保育所保育指針とともに 2017（平成 27）年に改訂を行った。この 3 つは「告示」されたもので，法令として遵守しなければならないものとして位置付けられている。

　幼稚園教育要領では，前文で，教育基本法の第 1 条に定める「人格の完成を目指し，平和で民主的な国家及び社会の形成者として必要な資質を備えた心身ともに健康な国民の育成」を期すという目的を確認し，幼稚園が学校教育の始まりであることを述べ，第 1 章総則で「幼稚園教育の基本」を示している。

　保育所保育指針では，児童福祉施設であると同時に幼児教育を行う施設でもあることが強調されており，第 1 章総則で「保育所保育に関する基本原則」を示している。

　幼保連携型認定こども園教育・保育要領は，就学前の子どもに対して教育・保育を一体的に行う施設の特性を踏まえた内容とし，幼稚園教育要領，保育所保育指針との整合性を図っており，第 1 章総則で「幼保連携型認定こども園における教育及び保育の基本及び目標等」を示している。

　保育について考えるときには，これら 3 つの第 1 章に立ち返り，保育実践における創意工夫においても，この根本を逸脱しないことを確認する必要がある。

　ところで，幼稚園教育要領，保育所保育指針は，それぞれ，「学校教育法」，「児童福祉法」，「児童福祉施設の設備及び運営に関する基準」の規定に基づき定められたものである。ここでは，それらの法律にある他の学校，施設に関する記述とあわせて読み比べてみることにより，幼稚園，保育所の目的を再確認しておこう。

> **学校教育法**
> 第 22 条（幼稚園の目的）幼稚園は，義務教育及びその後の教育の基礎を培うものとして，幼児を保育し，幼児の健やかな成長のために適当な環境を与えて，その心身の発達を助長することを目的とする。
> 第 29 条（小学校の目的）小学校は，心身の発達に応じて，義務教育として行われる普通教育のうち基礎的なものを施すことを目的とする。（下線は筆者）

児童福祉法

第 39 条　保育所は，<u>保育を必要とする乳児・幼児を日々保護者の下から通わせて保育</u>
　　<u>を行うことを目的とする施設</u>（利用定員が 20 人以上であるものに限り，幼保連携型
　　認定こども園を除く。）とする。

第 41 条　児童養護施設は，<u>保護者のない児童</u>（乳児を除く。ただし安定した生活環境
　　の確保その他の理由により特に必要のある場合には，乳児を含む。以下この条にお
　　いて同じ。），<u>虐待されている児童その他環境上養護を要する児童を入所させて，こ</u>
　　<u>れを養護し，あわせて退所した者に対する相談その他の自立のための援助を行うこ</u>
　　<u>とを目的とする施設とする。</u>（下線は筆者）

　幼稚園，保育所及び幼保連携型認定こども園のそれぞれの独自の目的を十分に理解し，
そこで求められる「適当な環境」を創り出すことや，「心身の発達を助長する」保育者の
関わり方を考える必要がある。そして，専門性を備えた保育者の役割などを総合的に理解
することにより，真に求められる保育実践を展開することができる。

2．保育の目標，計画と方法

1　「3 つの資質・能力」と「育ってほしい 10 の姿」

　2017（平成 29）年 3 月告示の幼稚園教育要領，保育所保育指針，幼保連携型認定こど
も園教育・保育要領には，幼児期において育みたい「3 つの資質・能力」及び「幼児期の
終わりまでに育ってほしい 10 の姿」が示されている。

---

3 つの資質・能力

(1) 豊かな体験を通じて，感じたり，気付いたり，分かったり，できるようになったり
　　する「知識及び技能の基礎」

(2) 気付いたことや，できるようになったことなどを使い，考えたり，試したり，工夫
　　したり，表現したりする「思考力，判断力，表現力等の基礎」

(3) 心情，意欲，態度が育つ中で，よりよい生活を営もうとする「学びに向かう力，人間性等」

　この 3 つの資質・能力は，小・中・高と一貫して育まれるものであり，その一貫性の中
で，保育内容に示すねらい及び内容に基づく活動全体によって育むものである。

　また，「幼児期の終わりまでに育ってほしい 10 の姿」は，保育内容 5 領域の活動全体を
通して資質・能力が育まれている幼児の幼稚園（保育所，幼保連携型認定こども園）修了
時の具体的な姿であり，保育者が指導を行う際に考慮するものである。

幼児期の終わりまでに育ってほしい 10 の姿

(1) 健康な心と体　(2) 自立心　(3) 協同性　(4) 道徳性・規範意識の芽生え　(5) 社会生
活との関わり　(6) 思考力の芽生え　(7) 自然との関わり・生命尊重　(8) 数量や図形，
標識や文字などへの関心・感覚　(9) 言葉による伝え合い　(10) 豊かな感性と表現

　この 10 の姿は，すなわち小学校入学時期の姿として小学校教諭にも共通認識してもらうことが想定されているものである。また，10 の姿は一つひとつを独立して考えたり，できているか，いないかなどと確認しながら行うものではなく，総合的に捉えていくものである。

② 学校教育法第 23 条に示された幼稚園教育の目標

　幼児期の教育の目標は，学校教育法第 23 条にその基礎がある。そこに示された５つの目標が基礎になって，保育内容５領域が構成されている。

学校教育法第 23 条

　幼稚園における教育は，前条に規定する目的を実現するため，次に掲げる目標を達成するよう行われるものとする。

1　健康，安全で幸福な生活のために必要な基本的な習慣を養い，身体諸機能の調和的発達を図ること。

2　集団生活を通じて，喜んでこれに参加する態度を養うとともに家族や身近な人への信頼感を深め，自主，自律及び協同の精神並びに規範意識の芽生えを養うこと。

3　身近な社会生活，生命及び自然に対する興味を養い，それらに対する正しい理解と態度及び思考力の芽生えを養うこと。

4　日常の会話や，絵本，童話等に親しむことを通じて，言葉の使い方を正しく導くとともに，相手の話を理解しようとする態度を養うこと。

5　音楽，身体による表現，造形等に親しむことを通じて，豊かな感性と表現力の芽生えを養うこと。

　ここに示された目標を読んでいくと，その内容は，必ずしも幼児のみに目指されるものとはいえず，生涯にわたる人の成長の過程を通してぜひとも身につけていくことが望まれる。しかし，もう一度よく味わって読んでいくと，その文末には，「芽生えを養うこと」など，基礎となる方向性を示していくことが求められていることにも気づく。

　この目標に対応して，幼稚園教育要領では，第２章に「ねらい及び内容」として，健康，人間関係，環境，言葉，表現の５領域としてそれぞれでねらいを３つずつあげている。また，保育所，幼保連携型認定こども園のいずれにおいても，幼児期の教育を担う施設としての役割があることから，保育所保育指針，幼保連携型認定こども園教育・保育要領のそれぞれの第２章においても５領域のねらいを３つずつあげている。３歳以上の保育内容については，幼稚園，保育所，幼保連携型認定こども園の５領域の保育内容は，整合性を持ったものとなっている。保育内容の「ねらい」は各園における生活の全体を通じ，子どもが様々な経験を積み重ねる中で相互に関連を持ちながら次第に達成に向かうものであること，「内容」は子どもが環境に関わって展開する具体的な活動を通して総合的に指導されるものであることに留意しなければならない。

　これらをもとに年間，期，月，週，日の計画が作成されていくのであるが，保育者として具体的な活動内容を計画するに当たっては，目先のおもしろさや保護者からの期待に沿うことに走りすぎることなく，それが子どもの発達を助長するという目的，目標にどうつ

ながっていくかを考える力が必要である。

　なお，保育所保育指針と幼保連携型認定こども園教育・保育要領では，第2章保育の内容において「乳児」と「1歳以上3歳未満」に関わる保育内容が示され，3歳未満についても教育的な内容の記述が充実しているが，乳児から幼児に至るまで一貫して，養護と教育が一体となって行われるものであることにも留意することが必要である。

　それぞれ目的の異なる施設ではあるが，日本の幼児期の子どもの教育に当たっては，基本的に共通の目標を持っていることを認識しておこう。

　現在，保育制度については新しい動きがあり，流動的であるが，今後は，認定こども園が増えていくことが予測される。幼稚園と保育所の両方の機能をあわせ持つ施設であるが，教育的な内容に関しては，すでにその基本的考え方が共通であることを理解しておくことが大切である。子どものためにふさわしい施設のあり方を創造していける保育者が今後ますます求められることになるだろう。

③　各園の保育目標

　幼稚園，保育所及び幼保連携型認定こども園では，それぞれの園が保育目標を設定していることが多い。それは，その園が幼稚園教育要領や保育所保育指針，幼保連携型認定こども園教育・保育要領をどう受け止め，実践しようとしているかを表すものと考えることができる。また，それぞれの園が設立されたときの，子ども観，保育観を簡潔に表したものともいえるだろう。「明るく，仲良く，元気に」など，シンプルな言葉に表された保育目標も，その背景に深い思いが込められている。それぞれの園の保育目標が目指すものを職員一同が共通理解しておくことが必要である。

④　保育の内容

　保育の内容とは，幼稚園，保育所及び幼保連携型認定こども園で子どもが体験する生活の全てを指しているが，その内容を子どもの発達から捉える窓口として，5つの領域がある。保育内容は，その目指すところや，方向性は共通であるが，具体的な活動についてはどちらにも示されていない。それゆえ各園において幼稚園教育要領や保育所保育指針，幼保連携型認定こども園教育・保育要領，園の保育目標に基づき，子どもの発達の様子や，地域性などを考慮して，創意工夫をしていくことになる。保育の実践に至るまでには，下記のことが確認されながら準備されていく。

> 保育の基礎となる法律及び幼稚園教育要領（保育所保育指針，幼保連携型認定こども
> 　　園教育・保育要領）
> 園の保育目標
> 教育課程（保育の全体的な計画）
> 指導計画…より具体的な保育のねらいや内容，環境の構成，活動の予想，保育者の援
> 　　　　　助（配慮事項）などについて，保育の順序や方法なども考えたうえで組織
> 　　　　　された計画

⑤ 指導計画の重要性

　現在の保育の基本原則は，「環境を通して行う教育」である。そして「幼児の主体的な活動を促し」「自発的な活動としての遊び」を基本に展開することである。これは理解が不十分であると，子どもの自由に任せた放任の保育ともなりかねない危険をはらんでいる。「環境を通して行う教育」では，子どもの興味や関心をより深く捉え，子どもの発達とあわせて価値ある環境を構成していくことこそが，すぐれた保育内容の展開といえるだろう。

　日々の保育においては，子どもが自主的に生み出した遊びと，保育者が望ましいと考えて計画した活動が組み合わさって展開されている場合が多い。子どもの自発性を尊重しながらも，それだけでは体験できない文化の伝承や，集団としての体験などもあるので，子ども自身が興味を持って参加できる活動も含めた計画，環境構成をしていくことが重要である。

⑥ 保育方法

　保育内容を効果的に展開するためにどのような保育方法をとるかは，重要な選択である。子どもの自由度から判断して「自由保育」「一斉保育」などの呼び方で表される保育方法がある。しかし，自由な活動が多い園も，設定活動など一斉に行う場面の多い園も，完全に自由な活動のみ，また一斉活動のみで一日の活動が展開していることはない。どちらの形態においても，その特長はあり，子どもに経験させたいと願う事柄によりその形態，方法が選ばれていく必要がある。自由な活動を基本としても，全体が集まって，周りに気づき，活動に参加する体験を育てようとの願いをねらいとする場合もあるし，設定された一斉の活動においても，一人ひとりの気持ちや，自発性が損なわれることのない配慮がなされなければならないことは当然である。

　保育の形態としてはその規模から，一人ひとり（個別）の活動，グループの活動，クラスでの活動，園全体での活動，などに分類することもできる。また，クラス編成では，年齢別，縦割り，異年齢混合など，保育のねらいに応じて臨機応変に組み替えることもある。ただし，幼稚園は学校であるから，基本のクラスは学年別である。保育所では特に規定はないので様々な試みがなされている。

　保育方法の1つの観点として，保育者チームの組み方や役割分担もある。幼稚園は，各クラスに担任教諭がおり，場合によっては複数担任制をとっているところもある。保育所では，長時間であることもあり，複数の保育士がチームを組んでいるところがほとんどである。この複数の保育者がチームを組む場合，単に，人数を分けて担当するのではなく，機能的に役割を分担する意識をもつことが必要である。① 全体の方向性を出す役割，② その方向性に即して内容を発展させる役割，③ 周辺的な位置で，全体とは異なる動きが見られる子どもへの配慮や全体との関係をつなぐ役割などである。機能を分担することで，より発展的な保育の展開が期待される。また，特別な配慮を必要とする子どもの担当として加配された場合も，その子のことだけをみているのでなく，全体への目配りをすることによって，より本来の役割を果たすことへの気づきも生まれることになるだろう。

　保育の展開には，「目標」から具体的な「内容」を考え「計画」し，その展開にふさわ

しい「方法」を選ぶことができるようにしておくことが求められる。幅広い視野と，柔軟な考え，すぐれた保育技術など，保育者に求められる能力は限りがない。

3．PDCAサイクルの活用

　近年，保育分野に限らず様々なところで，「PDCAサイクル」が，活用されている。これはP（Plan）→ D（Do）→ C（Check）→ A（Action）→ P と循環する実践方法で，企業の経営管理では目標を達成するシステムとして活用されているという。保育に当てはめてみると，次のような循環となる。

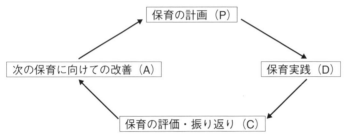

図3-1　PDCAサイクルの循環

　質の高い保育をしていくためには，行き当たりばったりではなく計画があり，それに基づいた実践を行う必要がある。保育実践は，それぞれが責任を持って行う営みであるために，実践の終了が，区切りとなってしまうことにもなりかねない。実践の後には，それを振り返り，一人ひとりの子どもの姿を思い出しながら，保育者としての省察を行い，よかったところ，他の可能性を探した方がよいと思われる点などを整理することが大切である。この振り返りをもとに，改善策を考え，次につなげていくことによって，その人の保育は進化し続けることができる。保育に広がりを持つこと，深まり，高まりを創り出すこと，これらは，新人，ベテランを問わず，つねに，PDCAサイクルを念頭に置き，日々を積み重ねていくことで保育者として成長できる。

　まずは自分の日常における生活習慣を見直し，より健康的な生活を送るための計画を立てて，実践することからはじめてみるのも良いだろう。あまりに詳細な計画を立ててしまったために実践できずに終わることもあるかもしれない。それも次の計画への改善点として捉えることができる。保育者として，保育実践のPDCAを常に回すことができるようになるためには，まず，自分の生活，あるいは身近に応用できそうな事柄にあてはめ，その考えや方法を身につけることから始めることではないだろうか。

　幼稚園教育要領や保育所保育指針，幼保連携型認定こども園教育・保育要領でも，保育の質の向上を目指すことが求められ，職員としての研修を積むことが必要とされている。最近は，それぞれの自己評価だけでなく，職員間のカンファレンスや，第三者による評価なども求められるようになっている。また，職員間での共通理解や研修ばかりでなく，保護者への説明責任なども求められている昨今，より客観的に保育を記録し，改善課題などを説明する必要がある。

演 習

[1] 児童憲章に掲げられた 12 の項目をよく読み，保育実践の場で特に大切にしたいと思うことを話し合ってみよう。また，その実現のために具体的にできることにはどのようなことがあるだろうか。

〈特に大切にしたい項目〉

〈実現のための具体的な展開例〉

[2] 学校教育法の，幼稚園と小学校の目的を読み比べ，その違いをよく理解し，子どもの発達段階から捉えられる幼稚園の教育の特色を 200 字〜400 字程度で説明してみよう。

[3] 地域の特色を生かした保育内容にはどのようなものがあるだろうか。事例を探してみよう。

[4] 自分が実習した幼稚園や保育所の保育目標を見直してみよう。簡潔に示された目標にこめられた保育観を，具体的な子どもの姿，あるいは生活や遊びの場面の例をあげて説明してみよう。

〈保育目標〉

〈目標にこめられた保育観（保護者に説明するつもりで考えてみよう）〉

[5] 保育者として身につけておくべき保育技術について，いつまでにどの程度達成するかという具体的な目標をあげ，取り組んでみよう。目標はなるべく小さな段階を設定し，振り返りながら計画の妥当性や，自分の努力の姿勢などを評価してみよう。また，この課題を達成するためにはどのような記入用紙を作ると目的にあった記入がしやすいか工夫してみよう。

[6] あなた自身の「保育観」について，いま，どのようなことを考えているだろうか。育てたい子ども像や，理想の保育者像などを思い描いて，考えを整理しておこう。

第4章　保育の場における保育実践力Ⅱ
―保育実践の実際―

📖学習のねらい

　子ども達がいて，保育者がいて，一定の時間と空間さえあればどのような内容であろう
と，保育の一日は過ぎていくかもしれない。ただし，それが一人ひとりの子どもにとって，
豊かで生き生きとした一日となるかどうかは，ひとえに保育者が自分自身の保育にどう臨
むか，その姿勢にかかっているといえよう。本章は，保育・教育に対する保育者としての
根本的な態度や姿勢について，より実践的に考えようとするものである。日々の保育が，
実際にどのような姿勢を大切にして実践されているのか，改めて保育という営みについて，
そこで目指されるべき保育の実際について，これまでの実習経験や学びと結びつけながら
考えてみることとする。主なねらいは以下のとおりである。

① 環境を通して行う保育についての考え方を再確認する。

② 保育における遊びの意義と重要性を説明できるようになる。

③ 園での遊びや生活と子どもの育ちにおける発達の捉え方を明確にする。

④ 実践と省察の積み重ねを通した子ども理解の必要性について述べられるようになる。

⑤ 保育実践を通じて自己の保育観を磨き，保育内容・方法として具体的に実現していく
　研究的姿勢を身につける。

1．環境を構成する力を発揮する

① 保育における「環境」の意義

　幼稚園・保育所のいずれにおいても，保育の実際は，保育者が一方的に一定の知識や技
能や能力を子どもに教え込んだり，やらせたりすることで成り立つものではなく，園生活
の中で，子どもの興味・関心・好奇心に基づき，子どもの主体性・自発性・能動性を尊重
し，「環境を通して行う」ものであるとされる。それは，乳幼児期の子どもの発達の特性
を考慮して，子どもにふさわしい生活を実現させるためである。また子どもは，自発的に
環境に働きかけることにより，人格形成の基礎となる豊かな心情，物事に自分から関わろ
うとする意欲，健全な生活を営むために必要な態度などを培っていく。心身の発達が著し
いこの時期は，環境からの影響を大きく受け，その後の発達や育ちに重要な意義をもつと
いえる。

　環境には，人的・物的・空間的・時間的・文化的環境の全てが含まれる。それは，あら
ゆるモノや場や自然や人を意味していて，遊具・用具・教材・素材・備品などの物的環境
があり，保育者や職員集団，他児や保護者，そして当の保育者自身も含めた人的環境があ
る。さらには，日誌や記録には残し難い雰囲気や空気，ムードといった要素も含みうる。

② 子どもの自発性・能動性を引き出す環境

さて，子どもが自ら働きかけたくなる環境とは，どのような環境を言うのだろうか。それは，次のような特徴をもつ環境ではないだろうか。過去の実習場面を思い出しながら，考えてみよう。

(1) 自分らしく安心してそこにいられる場であること

園生活では，家庭から離れてそこで生活するどの子どもにとってもありのままの自分を露わにできる場でありたいものである。そのためにまず，大勢の中で生活していても，個人の空間が大切に確保されている必要があり，特に個人の持ち物がどこにどのように置けるようになっているかは，毎日の生活の中では重要な点である。安心してくつろげる空間は，自ずと一人ひとりが自由に自分自身を表現することを可能にする。そうなるまでには，それぞれにとって一定の時間やプロセスが必要となるが，そこを保育者は焦ってはいけない。子どもが安定するということは，保育者の言う通りに素直に行動するようになることとは違う。この点を十分認識し，じっくりと取り組まなければならない。

(2) 自分から働きかけたくなるチャンスがあちこちに用意されている場であること

保育者は，子どもの動きや遊びをよく観察し，子どもの気持ちになって，今必要な環境はどのような環境であるか，子ども自身の興味や関心が活かされた環境とはどんな環境かを常に考えながら過ごす必要がある。しかし，まだ慣れない頃は，子どもが主体的に環境に関わることを可能にするために，考えられる具体的環境をやみくもに準備しがちである。

(3) 思い切り身体を動かせる場があること

保育室，園庭に限らず，園外の施設や自然環境に出掛けていくことも含め，子ども達が十分に身体を動かしながら，人や自然と関わり合える場が保障されていることもまた必要である。生涯にわたって健康で安全な生活を営む基盤は，心身を十分に働かせることによって培われていくのであり，子どもは，心身を伸び伸びと動かし，生き生きとした興味や関心から意欲的に活動することを通じて，楽しさや心地よさを味わう。そのために，どんな遊具や用具をどのように配置し，自然環境を用意し，それらを通してどのように関わるのか，保育者は常に工夫していく必要がある。

(4) 何度でも繰り返し試みたり，挑戦したりすることが認められている場であること

安全面を考えれば，保育者が葛藤を抱えるようなことが多々あるが，子ども自身が失敗を繰り返しながら，自分で工夫して変え，試行錯誤できるような環境が保障されていることが，考える力や柔軟な思考力を育むといえるだろう。

(5) 人や自然と十分に心ゆくまで関われる場であること

季節の変化を肌を通して実感し，動植物に直接触れ合える生活が，子どもの感性を豊かに育んでいくことは言うまでもない。また，周囲の友達に限らず，様々な人との関わりを

多様に経験することが，人と関わり合いながら生きていく力の基礎を培う。

　以上のような特徴をもつ環境は，物的・空間的・時間的環境としてのみ成り立つものではなく，そこにいる人的環境としての保育者が園の文化や歴史を背景に，どのように援助し関わるか，その気遣いや配慮もまた，環境を特徴づけている。

③　計画的な環境の構成
　保育における環境は，その保育のねらいや内容との関連性に裏づけられたものでなければならない。子どもが自ら環境に働きかけて様々な経験をしていく生活の場に，保育者は，個人や集団の発達にとって必要と思われる経験を，必要と思われる時機を捉えて，まさに環境を通して用意していくのである。つまり，環境に関しては，その場に及んで場当たり的に与えていけばよいというものではない。その子どもあるいはその集団にとって最もふさわしいやり方を見極め，それに従ってどんなねらいを定め，どんな保育内容を展開していくかということが十分に考えられていなければならない。環境は，個や集団としての子どもの姿を十分に読み取り理解していきながら，そこに保育者の意図を含ませ，計画的に構成されていくべきなのである。こうして，子ども自身の主体性と保育者の側の意図とが，バランスよく絡み合いながら環境は構成されていく。

④　環境の再構成
　実際の子どもの動きや子ども同士の関わり合い，活動の展開によって保育の場の環境は，いつでも柔軟に再構成されていくようでなければならない。その時の子ども達の状況を総合的に見通して，瞬時の判断を迫られながら，機敏かつしなやかに動きつつ，ある時は保育者によってさり気なく，また，ある時は子ども達とともに力を合わせて，絶えず新しく作り変えられていくのが，保育の場の環境であるといえよう。そして，環境を再構成するこの力を発揮することによって，生きて動いている保育の実際の姿をより魅力ある生活の場として，また，生命性に満ちた豊かな場として作り上げていくのである。

２．遊びをみつめる眼をもつ

①　実習では遊びの意義をどう捉えていたか
　乳幼児期の遊びは，心身の調和のとれた発達を促す学習であるといわれる。子どもが，環境や活動を面白いと感じ，興味や好奇心・探究心を発揮してやってみたいと思い，夢中になって没頭するとき，それは，外側から見てどんなささやかな行為であろうと，遊びとしての内容と意義をもつ活動であるといえる。反対に，例えば「○○ごっこ」とか「○○遊び」などといって一見どんなに大々的に展開されている活動であっても，子ども達自らの中に興味や面白さが感じられず，保育者に与えられたお仕着せの役割を演じているに過ぎなければ，果たしてそれは遊びとしての意義をもつといえるだろうか。
　実習の場で子どもが遊ぶ姿を目の当たりにし，また，その遊びに一緒に加わりながら，

果たしてどのような学びがあっただろうか。ここで再度思い起こしてみて欲しい。緊張しながら臨み、自分のことで精一杯の実習中、子どもの行為やその意味、保育者の動きやその背景にある思いまで、とても十分には意識が向けられないのが実情であるかもしれない。そんな中、何となくそれなりに遊んでいるように見えた子ども達の様子から、それぞれの遊びにおいてそれぞれの子ども達がどんな興味や関心をもっていて、何に楽しさや困難を感じ、どんなことを実現させたいと願っているのか、また、次にどんなところへ興味や意欲が向かっていきそうかなどといったことを、感じ取れただろうか。一方、保育者がその遊びや子ども達にどのような援助や配慮をもって関わり、その後の展開をどのように予想し、新たな経験や活動を生み出せるようにと考えているのか、それらを子ども一人ひとりについても読み取り、次の保育の内容や展開に活かそうとしているかを、学べただろうか。このように、遊びをみつめ、遊びから考えることは、実は非常に難しい。

　実習日誌などの記録でも、保育者主導の一斉活動場面については、その展開や内容は言葉や文字に残しやすいが、子ども達が好きな遊びに取り組んでいる肝心の時間帯や場面については、記録されていなかったり、遊びの名前が単語で羅列されているだけであることが多い。日誌を記入した当時の自分を振り返り、遊びの意義についてどのように捉え考えていたのか、今改めて遊びの意義や重要性について、自分がどのように考え、理解できているかについて、考察してみてはどうだろうか。

２　遊びの意義と重要性

　保育においては、遊びを見つめる眼こそ重要である。子どもは、遊びの中でモノ、他者、世界、人生、自分自身に対する根本態度が育てられるのであり、また、遊びは未来を自分の意志で創り出す行為といえるからである[1]。遊びにおいて、子どもは、周囲のモノや自然と出会い、心身全体で関わり、想像力を発揮し、イメージを膨らませ、考え工夫し、喜びや充実感、達成感、満足感、葛藤や挫折、共に協力すること、困難を乗り越えること、互いに思いやること、何が大切かを学ぶことなどを経験するため、遊びの内実には非常に高い価値が存在する。つまり、遊びには、子どもの発達や育ちにとって不可欠な体験や意味がびっしりと含まれているのである。保育者は、遊びにおいて個々の子どもの姿が表現されるありようを多様な視点から受け止め理解しようと試みる。そして、子ども一人ひとりが能動性を発揮し、自己の存在感を確かにしながら、周囲の子ども達や保育者との相互性を十分に経験しつつ生きる時間を充実させ、その自我を少しずつ創り上げていくのを助ける。保育者は、この個々の歩みを子どもと共に生きることを通じて、子ども自身がその発達に必要な体験を経験できるよう、そばにいて支えるのである。

　ここで、数十年前にさかのぼる筆者自身の幼稚園実習を思い出してみると、今でも鮮やかに思い出せる子ども達との遊びの場面がある。それは「やきゅう」である。

事　例

　年長組の六月，男児４名の中でも体格のよい男児**だいき**が，強引なまでに自分のペースで「やきゅう」の試合を進めようとあれこれ指示を出す。ピッチャー役を求められた実習生は，**だいき**にとっていい球を投げないと，全てボールにされてしまうので，仕方なく打ちやすい球を投げると，今度は全てホームランになってしまう。**だいき**は，他の３人の男児**まさし・たくや・けいと**それぞれにも，バッター，キャッチャー，審判の役を与え，アウト・セーフを一方的に決める。審判の**けいと**が「バッターやらせて」と頼んでも「だめ！」と拒否したり，**まさし**が実習生とピッチャーを交代すると自分は**たくや**と代わってキャッチャーとなり，**たくや**が打ったボールを全てキャッチャーフライだと言って塁へ走らせないようにしたりした。あるいは，**けいと**が抜けようとすると，**だいき**はそれもだめだと言って許さない。それならばと，ホームランを連発された実習生が「先生の負けね。もう止めた」と言って抜けてみたところ，どういう訳か，その後も男児同士でプレーが続く。**だいき**が**けいと**に「おまえ，バッターやるか？」と聞くと，**けいと**は「ううん，ぼく審判やる」と言い，先ほどの気持ちはどこへ行ったのか，自分から引っ込めてしまう。

　だいきに支配され，**だいき**のペースで試合が続くこの遊びが果たしてこれでよいのか，**まさし・たくや・けいと**は，果たしてこの遊びを楽しいと感じているのか，実習生は，この男児達にどのように関わればよいのか悩んだ。にもかかわらず，４人はバラバラになることもなく，また翌日も「やきゅう」を始める。実習生は，何とか４人ともに楽しいと思える遊びにしたいと思うと同時に，４人が互いに納得できるルールで遊ぶことはできないものかとあれこれ考えながら接するが，なかなか上手くいかない。

　この困難な状況において，実習生の筆者は，担任保育者に相談した。しかし，保育者からは，はっきりした指導の言葉を頂けなかった。なぜ，保育者は直接出てきて**だいき**はもちろん，言いなりになっている男児達に何らかの注意をしないのか，なぜ，実習生に関わり方について注意をされないのか，筆者はさらに悩んだ。しかし，逆にそのことのお陰で，

この4人の男児それぞれについてより一層深く考える機会を得ることができた。特にだいきについては，「やきゅう」以外の場面での様子をよくみるようになった。すると，意外にも強引で一方的ではないだいきの姿や，だいきを中心として始まる遊びに男女問わず引き寄せられる様子に気づくようになった。また，遊びに明確に表れる子どもそれぞれの姿，それぞれの子どもが抱えているテーマ，それでも互いに惹き合って離れない子ども同士の関係性の不思議さや意味，何よりもそれぞれの思いや気持ち，さらに，保育者として，自分がどのように関わるべきかなどについても見えてくるようになったのである。

　誰しもこれまでの実習において，それぞれ遊び場面に関するこのような実習経験をもっているのではないだろうか。それらを出し合い，遊びの意義や重要性について是非具体的に考え合ってみよう。

3．子どもの育ちを捉える視点を明らかにする

① 子ども自身の「発達の体験」

　保育者が，子どもの発達とか，育ち，成長といったときに，それを口にする保育者の側がどのような視点や考えをもち，個々の子どもや集団の育ちをどのように捉えているかが問われてくるだろう。実際の保育に臨む際，保育者に求められる実践力として，次にこの点について考えてみたい。

　保育者が陥りがちな見方として，「発達」という言葉を個々の子どもの「発達過程」としてではなく，一般的な「発達段階」として捉え，一人ひとりが異なる発達の姿を示す子どもを，年齢や月齢で輪切りにして，何歳何ヵ月ならこのような姿であるはずという具合に一様に捉えてしまう危険性がある。もちろん，子ども達と関わるうえで，また，具体的な保育場面を構成していくうえで，一般的な発達に関する知識や理論は当然知っておく必要がある。しかしながら，子どもと共にある保育者として，この「一人ひとりをみる眼」を持たずして保育者とは言い難い。目の前にいる子ども自身をみることなく，定義・理論・一般的基準にあてはめて子どもをみようとするとき，その眼は保育者の眼ではなくなる。

　子ども自身の内側から，喜びや満足感をもって感じ取られ，生きた感動を伴う体験は，外側から目に見える能力や技術が獲得されたようには記述されなくても，そこには子ども自身の「発達の体験」[2]があることを，傍らで支える保育者は感じ取れるのである。大人の側から客観的に捉えた発達ではなく，子どもの内面から，当の子どもがどのような経験を経つつあり，どんな変化を遂げようとしているかを敏感に感じ取る繊細さや思慮深さが保育者には必要である。例えば，ある子どもが自分から靴を履いて庭へと出ていったとき，友達の隣の席にそっと座ったとき，登園してもずっと被り続けていた帽子を取ったとき，「せんせい，みて！」と声を出したとき，「やって，やって」と言わずに黙々と手を動かし始めたとき，などその瞬間はあげれば無数にある。保育者にとって，そのときの子どもの心意気やなりたいと願う姿は，心から愛おしいものであり，また，悔しくて憤る興奮や落ち込んで沈む気持ちは，何とも言えずに重たいものである。

2　個や集団にとっての「成長のテーマ」

　ここで，幼稚園教育要領において，発達がどのように捉えられているかを確認してみると，「心身の諸側面が相互に関連し合い，多様な経過をたどって成し遂げられていくものである」と述べられている[3]。また，この心身の調和のとれた発達が促されるようにするためには，保育者は，子どもが様々なヒトやものとの出会いや関わりにおいて「主体的・対話的で深い学び」[4]が実現するよう計画的に環境を構成していく必要がある。そして，それは「幼児の自発的な活動としての遊び」を通して総合的に達成されるものでなければならない。このことは保育所保育指針においても保育の方法上の留意点として「乳幼児期にふさわしい体験が得られるように，生活や遊びを通して総合的に保育すること」[5]と述べられている。

　もちろん，家庭環境や生活経験の異なる子どもの発達は，一人ひとり異なっていて当然であり，その点から考えれば，子どもが自ら主体的に環境と関わり，その固有の世界を広げていく過程そのものが発達であると捉えることができる。子ども一人ひとりの発達の特性を理解し，その子どもが抱えている「発達の課題」[4]（筆者は，これを「成長のテーマ」と捉える）を把握し，それに即した関わりや援助が必要となるのである。

　前節の事例に出てくる男児達について考えてみると，実習生が数日間続けて男児達と関わっていくうちに，「やきゅう」をするそれぞれの男児に微妙な変化を感じる場面があった。例えば，**だいき**が，次の打者が打ってもいないのにホームへ走り込んできたとき，それまで言われるがままに指示されているように見えた**けいと**が「まだ打ってないからだめ」と発言したり，それまではピッチャー役を代わってほしいと実習生が頼んでも受け入れなかった**たくや**が「いいよ」と代わってくれたりなどの変化である。遊びの中での大変小さなできごとや関わり合いのことであり，これだけを発達や育ちと大きく取り上げて言えるほどのことはないかもしれない。しかし，こうした小さな態度の変化や受け入れる気持ちの表れを，「相手が求めることに応じつつも自分の気持ちを伝えようとすること」や，「互いの関係性の中で新たな役割を引き受けようとすること」などといったテーマとして丁寧に感じ取る保育者の眼が必要である。そして，子ども自身も意識していないであろう未来を願う意志の兆しとして読み取ることによって，その子自身の人や世界との関わりを，ひいてはその子が生きる世界を確実に変えていくことにつながる。

　このように，子どもがもつ成長への意志，発達しようとする姿を信じて関わることこそ，子どもと共に生きる保育者に求められる姿勢である。こうした姿勢に生きる保育者には，保育者自身の成長もまた，手応えをもって実感されることであろう。

4．一人ひとりの子どもの心に近づく

1　関わりながら理解する

　保育者の専門性として中心となる保育者に求められる実践力の1つとして，「子ども理解」について考えたい。それは，一人ひとりの子どもの思いや気持ちに気づき，共感し，受け止め，その理解に基づいて，相手にとってどんな援助や関わりが必要であるかを考え，

判断し，実践していく力である。

　実習の段階で，学生からよく出される反省や疑問として，「次はもっと積極的に子ども達と関わりたい」という声や，「どこまで手を貸して良くてどこからは見守っている必要があるか見極めが難しい」という問いがある。いかがだろうか。また，これもしばしば耳にする学生の声であるが，「担任の先生は，その子を長く知っているし，その子のことをよく分かっているから子どもも耳を傾け素直に応じるが，限られたわずかな期間に接する実習生の言うことは聞いてくれない」というものがある。もちろん，実習の段階では，こういった反省や悩みを抱き，無力感を覚える人は少なくないだろう。しかし，たとえ担任であろうと，クラスの一人ひとりとの関わりにおいては，同様の反省や悩みや無力感を経ないわけはない。どんな保育者と子どもであっても，初めに何らかの出会いのときがあり，その瞬間から出会ったその子どもとの関係は既に始まっていて，留まることはない。しかも，相手はその子ども一人ではないのである。保育者は，この子ども，あの子どもを同時に見て必要な援助や関わりを考えながら，他方では別の子どもからの要求や必要に応じる。実践する保育者の心身は，絶えずめまぐるしく変化する状況の中で，フル回転しているのであるが，実は，そこにためらいがあり，そこに迷いがあり，そこに分からなさがある。それらを抱えながらも，子ども達と交わる時間においては，機敏によく動き，反応する身体をもって，瞬時の判断を重ねながら精一杯一人ひとりの子どもを理解しようとして，子どもへ一心に気持ちを向け，関わるのである。

② 　実践と「省察」の積み重ねを通じて理解する

　ところで，全ての実習を終えた者ならば，子どもと交わる時間だけが保育という営みでないことを知っている。実践の最中には，明確に意識したり理解したりできなかった子どもの姿や子ども達とのやり取りについて，実践後に距離をおいて振り返ることにより，過ぎ去ったあの場面この場面が具体的な意味を与えられて生き生きとよみがえる。保育者は，同僚と話をしたり，文字や言葉にして記録したりすることを通じて，遊びや生活における子どもの具体的な姿にもう一度落ち着いて目を向け，考え，その意味をたずねる。具体的な場面を切り取り，一定の流れや文脈を記述しながら，そこに登場する子どもの気持ちや思いを考え，子どもの意志や願いを受け止め，浮かび上がる「成長のテーマ」について考える。また，そのときの保育者としての自分自身のあり方や関わりについても考察する。これが，「省察」である。省察によって子どもへの理解は深められ，自分自身の保育への探究が始まる。翌日の実践は省察なしには始まらない。この実践と省察との積み重ねにより，保育の日々は，生きたものとなる。全力を出し切った疲労感と消耗感に覆われそうになる毎日であるが，子どもに対する限りなく温かなまなざしが，明日の保育を具体的に構想する熱意や意欲につながっていく。

5．明日の保育を組み立てる力を身につける

① 保育のねらいと内容を考える

　前日の実践から翌日の実践へ至るためには，子ども達と共に自分の保育を創り出していく具体的な手立てが必要となる。それは，ただ，活動をどこかから選んでもってきて，これとこれを順番にやればよいというものではない。なぜその遊びや活動をするのか，なぜそのような環境構成にするのか，基盤となる子どもや保育に対する考えをしっかりもち，根本の目標や目的を明確に把握し，子ども理解から出発して考え，工夫し，活動の様子を個々の子どもの姿にいたるまで思い浮かべて考え，内容を具体的に組み立てていくことが必要である。実際に，どのような環境構成において，どのような保育内容を展開し，そこではどんな子どもの姿が予想され，一方でどんな子どもの育ちが期待され，保育者である自分自身と子ども達でどのような遊びや生活を創り上げていくことができるのか。それが，何といっても現場に立つ保育者に求められる実践力の最たるものといえよう。

　もっとも，初めは子どもの姿を見つめる気持ちのゆとりもなく，先輩保育者の見よう見まねであったり，指示されたことを意味も分からずに行ってしまったりすることもあろう。内容だけが先行し，ねらいが見えてこないこともあるかもしれない。そのようなときのためにも，各園の教育課程や全体的な計画との関連性を考えながら，幼稚園教育要領や保育所保育指針に述べられている五領域あるいは乳児保育のねらいと内容を常に意識し，押さえておくとよいだろう。

② 計画と実践との間になすべきことは何かを考える

　保育という営みの循環性において，計画立案と次の保育実践の間になすべきことは何か。それは，子どもが自発的に関わる環境としてどんなものを用意し，遊びや活動としてどんなことが予想されるかということについての綿密な計画，遊具や教材・素材などの具体的準備や配置，さらに，保育者として自分自身はどこにどのように位置し，どの子どもや遊びに対してどのように援助し，どんなふうに配慮するのかといったことである。前もって，子どもの姿を心に浮かべて具体的に想像しながら，よく考える必要がある。ときには今日の疲れも癒えぬうちに，明日は容赦なくやってきて，保育の一日はスタートしてしまう。そんなときでもこのプロセスを抜きに実践は成り立たない。

　先程述べたように，それが，子どもの姿を考慮したどんなによい計画でも，実践する保育者自身の子どもへの理解，遊びや活動，遊具や教材に関する具体的知識や技術についての学びが進んでいかないことには，環境を通しての保育，遊びを通した総合的指導の実現は難しいであろう。

　以上，ここまでで再確認してきた保育の実践力一つひとつについて，今一度学びを新たにし，保育者になる夢に向かって養成課程の最後まで粘り強く学び続けていくことを願うものである。また，同時に，子どもの笑顔や様々な気持ちを共に感じることを喜びとして，終わりのない保育実践への探究の旅は続くといえよう。

演 習

[1] 過去の実習日誌・実習ノートの中の保育者のコメントから保育者が保育を行う
　　うえで大切だと指摘していることを整理してみよう。

[2] 過去の実習日誌・実習ノートの中の実習生と子どもとの遊びの場面について,
　　今のあなたからアドバイスをしてみよう。

第5章

保育の場における保育実践力Ⅲ
―今後さらに求められる実践力―

📖 学習のねらい

　少子化が進み，社会情勢，経済的な環境もめまぐるしく変化してきている。この中で，保護者も保育者も，社会の情勢に対応しながら，より意識的に子育てや保育を進めていく必要が生じている。子どもが生活し，遊ぶ場を提供すればよいだけではなく，子どもの育ちにとってどのような意味があるのかを意識しながら，子どもが育つ環境を構成し，関わり，育ちを見守ることが大切になっている。

　本章では，日常の子どもの保育を起点として，今後さらに保育者の実践力が求められる，保護者支援，障害児保育及び特別支援教育，小学校との連携において，どのような実践力が必要となるか，また，どのようにその実践力を身につけていくことができるかを考えよう。

　具体的には，次の3点を学習のねらいとする。

① 保護者支援，障害児保育，小学校との連携の場面で必要となる実践力について理解する。

② これまでの幼稚園教諭・保育士養成課程で学んだ内容を横断的，総合的に捉え直す。

③ 知識や保育技術を総合的に活用し実践するために必要な力とそれを身につける方法を考える。

1．これからさらに保育者の働きが求められる保育の場

　社会状況の大きな変化に伴い，幼稚園，保育所ともに，保護者支援，小学校との連携の強化がさらに求められている。また，保育の内容を充実させ保育の質を高めることも求められている。ここでは，保護者支援，障害児保育，小学校との連携を取り上げ，どのような保育実践力が求められているかを考えてみよう。

① 保護者支援，子育て支援

　保護者支援は，子どもにとって重要な環境である家庭及び保護者の関わりを支援することによって，子どもの育ちを援助しようとするものである。

　現在，子どもや子育てをめぐる環境は，良いものとはいえない。少子化傾向の歯止めがかからず少子高齢社会となり，2005（平成17）年には日本の死亡数が出生数を上回り人口減少の局面に入った。核家族化が進み，地域とのつながりも薄れてきている。経済的な状況も厳しさが増し家庭環境も不安定になっている。また家族形態のありようも多様化している。少子高齢化の視点からは，労働力の不足や高齢者介護の担い手の不足，年金や介護保険等の社会保障などの問題がクローズアップされ，少子化対策が急がれている。子ど

もが育つ環境という視点からは，子育て家庭の孤立化，虐待件数のさらなる増加など，様々な問題が依然として続いている。子どもを保護者と共に社会全体で育てていく子育て支援，家庭支援が不可欠となっている。そして，それを直接的に担っていく人材としての役割が，保育者に求められている。

(1)　保育所保育指針と幼保連携型認定こども園教育・保育要領にみる保護者支援，子育て支援

「保護者に対する支援」に関して，保育士の業務として「児童の保護者に対する保育に関する指導を行うことを業とする」と規定されている（児童福祉法第18条の4）。

2008（平成20）年に告示された保育所保育指針では，総則に，保育士が保育の専門職として，保護者支援や地域の子育て支援を行うという保育所の役割と内容が明確に示された。保育者が「保育に関する関する専門性」を有すること，保育は家庭養育の補完ではなく「家庭との緊密な連携の下に」行うこと，「社会資源との連携を図りながら」，つまりソーシャルワークの機能も担いながら，保護者支援や子育て家庭への支援を行う，とされた。また，保育所における保育士は，倫理観に裏付けられた知識，技術，判断を求められることとなった。

さらに，2017（平成29）年告示の保育所保育指針と，同年告示の幼保連携型認定こども園教育・保育要領では，新たに，子育て支援の章が新設された。内容は，(1) 園における子育て支援に関する基本的事項，(2) 園児の保護者に対する子育て支援，(3) 地域の保護者等に対する子育て支援である（「保育所保育指針」第4章，「幼保連携型認定こども園教育・保育要領」第4章参照）。

園の特性を生かした子育て支援として，ソーシャルワークの技術を生かし保護者との信頼関係を基本に保護者支援を行うこと，保育および子育てに関する知識や技術などを生かし，保護者が子どもの育ちに気付き子育ての喜びを感じられるように努めることがある。

園児の保護者に対する子育て支援の中では，日常の保育に関連した様々な機会を活用し，子どもの日々の様子を伝えたり，情報を収集したり，園の保育の意図の説明をすることを通じて，保護者との相互理解を図ること，保護者の子育てを実践する力を向上させ子育て経験の継承をしていくために，保護者の保育参加を促すことが求められている。また，保護者の状況に配慮し病児保育事業など多様な事業を実施する場合には，子どもの福祉が尊重されるように努め，子どもの生活の連続性を考慮することとされている。保護者の育児不安等への個別の支援を行うこと，保護者の不適切な養育等が疑われる場合には，市町村や関係機関と連携して要保護児童対策協議会で検討すること，虐待等が疑われる場合には市町村または児童相談所に通告するなどの適切な対応を図ることととされている。

(2)　幼稚園教育要領にみる保護者支援，子育て支援

幼稚園においても，保育所と同様，保護者の支援や地域の子育て支援についての役割が期待されている。2008（平成18）年の教育基本法の改正により，第10条「家庭教育」及び第11条「幼児期の教育」で，幼児期の教育が生涯にわたる人格形成の基礎を培う重要

なものであり，国及び地方公共団体は，家庭教育の自主性を尊重しつつ，保護者に対する学習の機会及び情報の提供その他の家庭教育を支援するために必要な施策を講ずることなど，幼稚園が家庭や地域とともに幼児期の教育を進めることが明記された。学校教育法第24条には，努力義務ながら，子育て支援の責務が明記されている。

> **学校教育法第24条**「幼稚園においては，第22条に規定する目的を実現するための教育を行うほか，幼児期の教育に関する各般の問題につき，保護者及び地域住民その他の関係者からの相談に応じ，必要な情報の提供及び助言を行うなど，家庭及び地域における幼児期の教育の支援に努めるものとする」

さらに，幼稚園教育要領〔2017（平成29）年改訂〕では，「第3章 教育課程に係る教育時間の終了後等に行う教育活動などの留意事項」に，幼稚園での「預かり保育」についても詳細に示された。

> 幼稚園の運営に当たっては，子育ての支援のために保護者や地域の人々に機能や施設を開放して，園内体制の整備や関係機関との連携及び協力に配慮しつつ，幼児期の教育に関する相談に応じたり，情報を提供したり，幼児と保護者との登園を受け入れたり，保護者同士の交流の機会を提供したりするなど，幼稚園と家庭が一体となって幼児と関わる取組を進め，地域における幼児期の教育のセンターとしての役割を果たすよう努めるものとする。その際，心理や保健の専門家，地域の子育て経験者等と連携・協働しながら取り組むよう配慮するものとする。（第3章2）

以上のように，保育所，幼保連携型認定こども園，幼稚園のいずれにおいても，保育者としての専門性を発揮しながら保護者に対応し，家庭と連携して保育を進め，関係機関とも連携しながら，子どもの育つ環境である家庭の支援を行っていく力が，保育者に求められている。

⑶ 保護者支援・子育て支援において求められる保育実践力

ここに求められる保育実践力とは，まず，保育，幼児教育に関する専門性を保育者が備え，それを基盤として保育や幼児教育に関する保護者の支援ができる力である。

保護者の支援をする力について，具体的に，もう少し詳しく見てみよう。

保護者の支援を行うためには，様々な機会を捉えてコミュニケーションを図る必要がある。送迎時などの保護者との会話を行う場面について，考えてみよう。まず，保護者と普通に言葉を交わすこと自体が，慣れないうちは大変なことであろう。どうきっかけを作って話しかけるか，何を話題にしたら良いか。話したいことがあるならば，それをどう伝えるか，こちらの意図が誤解されずに伝わるようにどう言葉を選ぶかを考える必要がある。

1つの事例を紹介しよう。

> **事 例**
>
> 　お迎えの時に，保護者が保育者に「うちの子，今日もケンカしましたか」と尋ねた。保育者は保育中に子ども同士のトラブルがあったことを思い出し「ああ，していました。今日はね，…」と話しかけた。すると，保護者は終わりまで聞かずに，わが子に向かって「他の子を叩いちゃだめだってあれほど約束したのに！」と大声で怒鳴りつけた。子どもは何の話か分からずにぽかんとした表情でいたので，保護者から「ちっとも反省していない！」と重ねて怒られ，叩かれてしまった。

　この事例において，保育者は，子どもを責めるつもりで保護者にトラブルの報告をしたつもりはまったくなかった。むしろ，子ども同士のトラブルも成長のプロセスとして大事であることを保護者に伝えたいと思っていた。また，実は，その日のケンカでは，最後には互いに自分の気持ちを言葉で伝え合うことができたので，その喜びの報告をしたいとも思っていた。しかし，話の切り出し方がうまくいかなかったために，喜びの報告をするどころか，心ならずも親子関係が悪化する方向に状況が展開してしまったのである。

　この場面で，保護者が怒鳴ったり叩いたりしたことは適切な関わりではないことは確かだが，どうしたらこのような展開にならないように受け答えができたのだろうか。

　もし保育者が，保護者の心境や行動の傾向を察知していれば，直接保護者の問いに答えるのでなく，保育中の子どもの様子や心情，さらに子どもの育ちの喜びなどから話を始めることともできたかもしれない。限られた時間の中で，子どもの様子を生き生きと伝えることは，保護者に丁寧に保育をしてくれているという安心感を与え，保育者への信頼感も増す。また園の保育の中で大事にしている考え方についても理解を深める機会となる。

　ここで必要となる保育実践力について，改めて考えてみよう。

　まず，必要なのは，単に保護者と会話ができるというコミュニケーション力だけではない。保護者の思いや悩みに気づく観察力，分析力を伴った，より高度なコミュニケーション力が必要である。また，保護者の話を傾聴し，さらに状況が好転していくように親子をつなぎ，支える力，いわゆるカウンセリング力も必要である。実際の場面では，相手にそ

って受け止めながら話を聞く「カウンセリング・マインド」に加えて，さらに状況が好転していくように，人や環境に働きかける力が必要となる。例えば連絡帳や面談，保護者会など，様々な機会をつくり保護者に働きかける。

　また，保護者から子どもへの不適切な関わりがある場合は，虐待傾向，マルトリートメント（不適切な関わり）の家庭への支援として位置づけ，園全体で親子を支援することも必要になる。ここでは，保育者の連携，チームワーク力も必要とされる。問題状況を多くの人に説明するためには，保育記録などの根拠となるものを示しながら，正確に伝える表現力，伝達力も必要である。さらに，より深刻なケースと判断されれば，専門機関と連携をとることも想定される。そこには，地域の様々な専門機関，社会資源の特徴と役割についての知識と，諸機関と協働して問題に対処していくソーシャルワーク力といった力が求められているといえるだろう。

　子どもにとってのより良い環境づくりや家庭教育と保育の連続性を密にするためには，普段から保育や子どもに関する保護者の理解を深めていくことが必要である。保育に関する知識や考え方，そして子どもの育ちを，保護者と保育者が共有し連携していくには，どのような方法があるだろうか。例えば，直接個々に対話するというコミュニケーションの方法以外にも，連絡帳や園だより，保護者会，行事など，いろいろな場面を活用することができる。様々な方法や機会を駆使して，保育に関する情報や考えを発信する力が必要とされる。子どもや保育の様子を目に浮かぶように生き生きと伝え，しかも誤解を招かない表現を工夫する文章力，プレゼンテーション力といったものも，さらに磨いていく必要があるだろう。

②　特別な配慮を必要とする子どもの保育

　特別な配慮を必要とする子どもとして，障害のある子どものほか，海外から帰国した子どもや養育環境上の問題から生活に必要な日本語の習得に困難な子ども等があげられる。

(1)　障害のある子どもの保育

「障害者の権利に関する条約」（2006 年国連採択，2014 年批准）や「障害者差別解消法」（2013 年成立，2016 年施行）を踏まえ，障害のある子どもの保育や配慮については，幼稚園教育要領，保育所保育指針及び幼保連携型認定こども園教育・保育要領のすべてに，家庭や関係機関と連携して，個別の支援計画の作成・活用に努めることとされている。

　2017（平成 29）年の改訂では，幼稚園教育要領（第 1 章総則第 5 の 1），保育所保育指針（第 1 章総則 3），認定こども園教育・保育要領（第 1 章総則第 2 の 3 の(1)）に示されている。

　障害のある子どもの保育については，集団の中で生活することを通して全体的な発達を促していくことに配慮すること，一人一人の子どもの発達過程や障害の状態を把握し個別の指導計画の中に位置付けること，長期的視点で子どもの状態に応じた保育を実施するために，家庭，地域，及び医療や福祉，保健等の業務を行う関係機関との連携を図り，個別の教育支援計画の作成と活用に努めることとしている。また，個々の子どもが適切な環境の下で障害のある子どもがほかの子どもとの生活を通して共に成長できるよう，特別支援

学校などの助言または援助を活用しつつ，個々の子どもの障害などに応じた指導内容や指導方法の工夫を組織的かつ計画的に行うものとしている。

(2)　海外から帰国した子どもや生活に必要な日本語の習得に困難な子どもの保育

　海外から帰国した子どもや生活に必要な日本語の習得に困難な子どもの保育については，2017（平成 29）年改訂の幼稚園教育要領（第 1 章総則第 5 の 2）及び幼保連携型認定こども園教育・保育要領（第 1 章総則第 2 の 3 の(2)）の項に初めて明記された。日本語の習得に困難のある子どもについての配慮は，日本経済のグローバル化に伴い，言語習得にとって重要な時期である乳幼児期を海外過ごす子どもを念頭に置いたものである。

　海外から帰国した園児や生活に必要な日本語の習得に困難のある園児については，安心して自己を発揮できるよう配慮するなどの個々の子どもの実態に応じ，指導内容や指導方法の工夫を組織的かつ計画的に行うものとしている。

　以上のように，日常の保育の中で，保育者に以下のことが求められている。① 集団の中で保育を通して障害のある子どもの全体的な発達を促す工夫をしていくこと，② 個々の子どもの障害に応じた保育内容や方法を計画的に行うこと，③ 家庭と連携し個別の指導計画や支援計画を作成すること，④ 小学校や医療・療育などの関係機関とも連携しながら，障害のある子どもの保育を行っていくこと。

(3)　障害児保育，特別支援教育における保育実践力

　障害児保育や就学後の特別支援教育につながる保育実践力について，障害のある子どもを受け入れ，統合保育を行う場合を例にとって考えてみよう。

　まず，入園時には，保護者との面談，体験入園などの機会を設ける。ここでは，子どもの発達や障害の状態について，聞き取りや行動観察，医療機関や療育機関からの資料をもとに，アセスメントを行う。その情報をもとに，保育の環境，内容，集団保育の進め方について検討する。また，保育が始まれば，日々の実践をもとに，個々の子どもの育ちと集団としての育ちの両方に目を配りながら，さらに保育の内容や進め方，関わり方に工夫を凝らしていくことになる。また，複数の保育者で進めていくならば，チームワークの取り方，役割の連担（連携をとりつつ担当の役割を担うこと）の仕方も大事な検討課題である。一人担任であるならば，個と集団への配慮をどのように行っていくと良いか，また，何かの時には協力し合えるよう，クラスを越えて保育者の連携も取れるようにしておきたい。また，クラス運営では，子ども達や保護者達にも障害について理解され集団の一人として自然に溶け込めるように，子ども集団や保護者集団に向けての環境づくりもしていきたい。また，就学を控えた時期には，小学校などの就学先に向けて，子どもの状況と子どもの育ちや特長を引き出す関わり方について理解を深めてもらうために，小学校との交流の機会を設け情報共有を行っていく。それが就学後の個別教育支援計画の策定につながることとなる。

　ここに求められる保育実践力について，具体的に考えてみよう。

　まず，子どもの発達や障害の状態を保育中の行動観察などからアセスメントする力が求められる。また，様々なアセスメントの情報をもとに，より細やかに発達や障害の状態に応じた保育内容や方法になるよう，ねらいを意識化し，実践を振り返る。そして次の実践へ活かすPDCAサイクルの活用など，ねらいと内容を意識した保育を実践する力が必要である。加えて，発達や障害への個別の配慮をしつつ，あくまでも一人の子どもとしてその子をまるごと受けとめ寄り添う視点を持ち，しかも集団保育としても展開を図る保育の創造力を培いたい。さらに，家庭や医療，療育関係機関と連携するうえでは，前述の保護者支援の項でも述べたように，コミュニケーション力，カウンセリング力，ソーシャルワーク力を備える必要がある。

　これまで学んできた様々な理論や保育技術を，縦横に組み合わせ，応用し，総合的に活用し，創造的な保育を実践してくことが求められているといえるだろう。

③　小学校との接続

(1)　小学校教育との接続

　2017（平成29）年改定の保育所保育指針では，保育所は「幼児教育を行う施設」として位置付けられ，幼稚園，保育所，幼保連携型認定こども園のいずれも，幼児教育の部分を共有し，幼児期に育みたい「3つの資質・能力」や「幼児期の終わりまでに育ってほしい10の姿」を記載し，小学校のスタートプログラムとの接続を図ることとなった（第1章 p.5 参照）。

　小学校と幼児教育の接続とは，小学校教育の内容を幼児教育に下ろしてくることではない。

　幼児期の教育とは，「生涯にわたる人格形成の基礎を培う重要なもの」（教育基本法第11条）である。幼稚園教育要領前文には，これからの幼稚園には，学校教育の始まりとして，「一人一人の幼児が，将来自分のよさや可能性を認識するとともに，あらゆる他者を価値のある存在として尊重し，多様な人々と協働しながら様々な社会的変化を乗り越え，ゆたかな人生を切り拓き，持続可能な社会の創り手となることができるようにするための基礎を培うことが求められる」，また「幼児の自発的な活動としての遊びを生み出すために必要な環境を整え，一人一人の資質能力を育んでいくこと」がすべての大人に期待されることであると明記されている。

　小学校教育との接続に当たっての留意事項として，幼稚園教育要領（第1章第3の5），保育所保育指針（第2章4の(2)），幼保連携型認定こども園教育・保育要領（第1章第2の(5)）には，① 園における教育及び保育が，小学校以降の生活や学習の基盤の育成につながることに配慮し，幼児期にふさわしい生活を通して，創造的な思考や主体的な生活態度などの基礎を培うこと，② 小学校の教師との意見交換や合同の研究の機会などを設け，「幼児期の終わりまでに育ってほしい姿」を共有するなどの連携を図り，小学校教育との円滑な接続を図るよう努めるものとするとされている。

　就学に際しては，子どもの育ちを支えるための資料として，幼稚園からは幼稚園幼児指導要録を，認定こども園からは認定こども園こども要録を，保育所からは保育所児童保育

要録を，それぞれ小学校へ送付し，子どもの情報共有を図ることとなっている。

(2) 小学校との連携に必要とされる保育実践力

　各園で進めてきた保育方針や内容，子どもの育ち，関わりの工夫について，第三者に理解をしてもらう場合について，考えてみよう。

　相手が保護者であれば，常日頃から保育現場の空気を感じてもらうことができる。連絡帳や園たより，行事その他の保育への参加など，絶えず直接間接にコミュニケーションをとっているので，様々な機会を通じて少しずつ，保育観，子ども観の共有を図り，子どもの成長や子どもを伸ばす関わり方の工夫についても伝えることができる。

　一方，小学校とのコミュニケーションについては，日常的に交流を行っていることが少ないので，工夫が求められる。子ども観，教育観の異なることも多い小学校とのコミュニケーションでは，今まで当たり前と思って深く考えずに過ぎていたことも，小学校の側から見れば新鮮な驚きをもって捉えられることもある。なぜ，このように関わるのか，この保育内容を選んだのか，一つひとつにどのような意図，意義があるのか，説明を求められることもある。今まで特に意識していなかったこと，言葉にしていなかったこと，当たり前と思っていたことが，相手には必ずしも当たり前ではない。まずこのことを踏まえて，お互いの実態を知ることができる環境づくりから始める必要がある。

　就学に際しては，幼稚園幼児指導要録や保育所児童保育要録，認定こども園こども要録といった子どもの育ちを支えるための資料を小学校に送付することになっている。その書類の作成に当たっては，乳児期，幼児期，学童期と続く子どもの育ちの連続性を保つための書類であることを考慮し，子どもの特性や配慮事項を，限られたスペースで筋道を立てて分かりやすく伝える力が求められる。

　また，小学校と園との交流活動においても，互いの保育・教育現場の参観に加えて，企画，事前打ち合わせと準備，事後の意見交換などの場も大事なコミュニケーションの機会となる。小学校と園との交流の機会を有効に活用するためには，企画立案や意見，情報の交換において，根拠を示しつつ，明確に言語化し，表現し，発信していく力が求められている。また，相手の考え方，感じ方，求めている情報をキャッチする力も必要である。両方がそろうことで，効果的な交流が可能となり，小学校と園とが協力して子どもの育つ環境を作り上げていくことができる。

　小学校との連携の場面では，直接的なコミュニケーション力と，知識とアイディアによる企画力，書面などでの文章表現力といった多方面にわたる力が求められているといえる。

2. これまでの学びを総合的に捉え直す
―保育者に必要な3つの視点とその統合―

　これまで見てきたように，日々の保育場面で創造的に保育を展開していく場面ではもちろんのこと，保護者や小学校，関係機関との連携の場面，障害や個別的配慮を必要とする子ども及び家庭への配慮と関わりの工夫を要する場面など，保育者が実践力を求められる

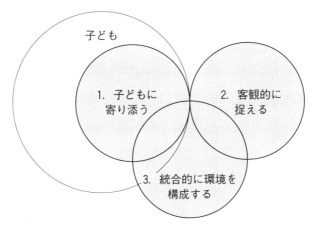

図 5-1　保育者に必要な 3 つの視点

場面は多岐にわたっている。保育の現場では多岐にわたる仕事を総合的に進めていく力が必要とされている。

　保育の様々な場面に求められる保育実践に必要な視点は，子どもを核とした関係性から分類すると，3 つの視点に整理することができる（図 5-1）。

① 【1．子どもに寄り添う】内接的（from here side）な子ども理解と保育実践：子どもに寄り添い，子どもの状態，行動，気持ちなどを，主観的，共感的に理解する視点。保育実践場面では子どもに寄り添って関わる。

② 【2．客観的に捉える】外接的（from beside）な子ども理解と保育実践：子どもと子どもの生活・遊び及び周囲の環境を客観的に理解する視点。保育実践場面では，子どもの発達や保育内容の知識を深め，理論を学ぶ。現在の子どもの環境や発達の状態をアセスメントし，保育実践に活用する。

③ 【3．統合的に環境を構成する】接在的（from cross-side）な子ども理解を基盤とした環境構成と保育実践：子どもの共感的理解と客観的理解を基盤にして，子どもの生活，遊びとその環境を，新たに構成し，保育活動として展開，実践していく視点。保育実践場面では，前述の①と②の視点を統合して保育場面での具体的手立てを工夫し，状況に応じた物の活用や環境の構成を行い，子どもと関わる。また，家庭や地域において，子育てや親子の関わりについて，保育者の多面的総合的な理解の視点や専門知識，及び手立てを活用し，子育て支援や，関係諸機関との連携を行っていく。

　以上の 3 つの視点はどれも欠かせないものである。さらに，この 3 つの視点からの様々な理解や知識を結びつけ応用し，保育を具体的に総合的にバランスよく進めていく工夫が求められる。

　これまで皆さんが学んできた様々な科目で得た専門知識や技能は，前記の 3 つの視点のどこかに位置づけることができる。これから保育の現場に出て行くにあたり，私達は，これまで学んだ専門知識や技能を組み合わせ，統合して活用し，保育の実践を展開する力を身につけることが必要である。3 つの視点のバランスがとれた総合力があってこそ，「臨機応変」に対応しつつ質の高い保育実践を行うことができるのである。

演 習

[1] これまで学んできた専門科目の内容や技能は，図5-1の3つの視点のどれにあたるだろうか。話し合ってみよう。

[2] 実習などの保育場面で，3つの視点を総合的に活用して保育を実践することが必要だった具体的な場面をあげてみよう。自分が得意とすること，あるいは未熟であると感じることは何だろうか。またそれはどの視点にあたるものだろうか。話し合ってみよう。

[3] これから保育現場へ出ていくまでに，どのような力をつけておきたいだろうか。3つの視点がバランスよく実践できているかどうかも考慮しながら，これからさらに磨いていきたい実践力について話し合ってみよう。また，その実現のために，どのような方法や経験があるとよいだろうか。アイディアを出し合ってみよう。

第6章 保育実践力を育む方法と内容Ⅰ
―グループ(小集団)における学び合い―

📖 学習のねらい

　本章で取り上げるグループにおける学び合いは，教育の場において個人と集団が共に育ち合う経験をする中で，2人もしくは3人以上のメンバーがものの考え方や学び方を身につけ，主体的・創造的に課題の探究や解決に取り組む意図的な活動として捉えている。本章で取り上げる実践例は，「保育・教職実践演習」において求められている理論と実践の統合を図るための授業方法を紹介している。そのため，参加者は学生であり，大学・短期大学などの教員が，グループに参加する学生の話し合いや体験がスムーズに進行するような方向性を示したり，状況や雰囲気づくりを行ういわゆるファシリテーターとなっている。

　しかし，本章の内容は大学教育のみに用いられるものではなく，実際の保育の場へも応用ができるものとなっている。例えば，幼稚園，保育所の園内研修や事例検討会，あるいは保護者との懇談会などでも，ファシリテーターの役割を保育者が担い，参加者を保護者や同僚保育者に置き換えると，本章の内容を応用できると考えられる。このように本章の内容を保育の場で用いる視点も持ち合わせて学んでもらいたい。

① グループにおける学び合いの原理や原則を理解する。
② グループでの演習を行い，取り上げたテーマの分析，考察，検討などを行う。
③ グループでの演習を通して個人と集団が共に育ち合う体験をする。

1. グループにおける学び合いの概要

1 グループにおける学び合いの基本原則

　グループでの学び合いは今日，様々な領域で実践されている。例えば，レクリエーションやコミュニティづくりといったどのような人でも参加を認めるプログラムや福祉・医療などの領域では，特定のメンバーやグループが直面している課題に焦点を当てて行うプログラムが実施されている。

　大学・短期大学などの高等教育の場では，近年，指導者が一方的に知識を伝達するのではなく，学生同士の学び合いによる学習が多くなされるようになっている。このことは，人間関係が希薄化している時代だからこそ，言葉や表情，動きなどのやり取りを通して関係を作り上げていくことが求められているためと考えられる。ここではまず，どのようにグループにおける学び合いを行っていけばよいか，そのための基本原則について見ていきたい。

　バークレイらは，大学教育における協同学習グループの本質と考えられる5つの基本原則について，以下のように論じている[1]。そして，5つの基本原則の中で特に，メンバーの「相互的促進交流」と「個人と集団の責任」が重要であると指摘している。すなわち，

参加者の肯定的な動機づけや個々人がグループに対して責任をもつことが重要であるとしている。これらのことは一朝一石にはできないだろうが，次に紹介する準備・導入・展開・終結といった一連のプロセスを経て徐々に形成されるものと考えられる。筆者の経験では，特に準備段階，導入段階において参加者の肯定的な姿勢や雰囲気をつくることが実り多い結果につながるといえる。

表6-1　グループにおける学び合いの5つの基本原則

① 肯定的相互依存 　個人の成功はグループの成功と結びついている。グループが成功すると個人も成功する。学生はグループ目標を達成するためにお互い助け合うことに動機づけられている。
② 促進的相互交流 　学生はお互い積極的に助け合うことを期待されている。メンバーは学習資源を共有し学ぶためにお互いの努力を認め，励まし合う。
③ 個人と集団の責任 　グループはその目的達成に責任がある。メンバーはグループ活動に貢献する責任がある。個人は個別にも評価される。
④ 集団作業スキルの発達 　学生は専門的な内容（学習課題）を学ぶことを求められている。同時に，グループのメンバーとしてうまく活動するために必要とされる対人関係スキルや小集団スキル（チームワーク）も獲得することが求められている。これらのチームワークに必要なスキルは「アカデミックなスキルと同様，意図的に正しく」教えられなければならない。
⑤ グループの改善手続き 　学生はグループの成果を評価することを学ぶ必要がある。メンバーのどの行為がグループに役立ち，どの行為が役立たないのかを明らかにしどの行為を続け，どの行為を変えるべきか明確にする必要がある。

　資料：エリザベス　バークレイ・パトリシア　クロス・クレア　メジャー，安永悟監訳『協同学習の技法－大学教育の手引き－』ナカニシヤ出版，2009年，p.8

② グループにおける学び合いの一般的手順

　ここでは，グループにおける学び合いの一般的手順は以下の通りである。

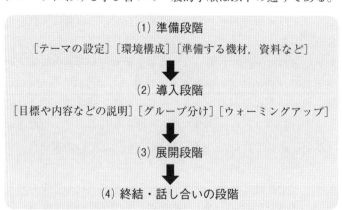

(1)　準備段階

【テーマの設定】

　大学，短期大学などでグループにおける学び合いを行う場合，「教員が予めテーマを決め学生に割り当てる」場合や「学生からテーマを募る」場合などが考えられる。ただ，初期には学生からテーマが出ることは稀なため，教員が決めた方がよいと思われる。体験を重ねる中で，学生の興味・関心のあるテーマを募る機会を設けることも有効である。

　また，「保育・教職実践演習」では，例として考えられるテーマとして，「少子化への対応」，「虐待及びそれに伴う世代間連鎖について」，「長時間保育と子どもの発達について」，「幼稚園・認定こども園・小学校との連携について」，「保育士の意義や役割，職務内容，児童に対する責任等について」，「保育内容等の指導力について」などがある。

【環境構成】

① 場　所：「広さ」や「机・椅子は可動式または固定式」，「床がフラットな教室または傾斜がある教室」など事前にチェックする必要がある。活動の内容が場所の制約を受けることがある。よりよい活動が展開するためには，まずは環境を整えることが求められる。

② 時　　間：まず第1に，どの程度の時間をかけてグループ活動を行うかを考える。1コマで終わる場合もあれば，長い期間（1〜2ヵ月程度）にわたってプロジェクトとしてグループ活動を行う場合もある。また，時間配分では，例えば，1コマ（90分）の時間内でどのような導入，展開，話し合いができるか，予め計画を立てておく。ただ，実際の活動は予定通りいかない場合が多いので，計画は柔軟に変更できるようにしておく。

【準備する機材，資料など】

ここでは，準備する機材，資料など一般的に考えられるものをあげておく。

① 導入や展開段階では，必要に応じて「配布資料」「付箋紙」「模造紙」「マジック・テープなどの文具」などを用意する。

② 終結・話し合い段階では，「振り返り用紙」，「発表用機材［OHP，書画カメラ（OHC），プロジェクターなど］」などを用意する。

③ 学生の同意があれば，活動を記録する機材として，映像機材（ビデオカメラ・デジタルカメラなど），録音機材（ICレコーダー）などを用意する。

(2)　導入段階

【目標や内容などの説明】

　教員は，グループにおける活動の目標を明確に説明する必要がある。具体的には，授業全体の目的，方向性などの一般的目標を示す。また，「いま・ここ」でのグループ活動によって，何をどの程度学ぶことが目指されるのか，いわゆる行動目標を説明する。また，学生がグループ活動の内容を知り，活動の見通しが持てるように，教員は時間内にどのような活動を行うか，その手順や時間配分について説明する必要がある。例えば，何時まで

個々人が用紙に記入する個人作業を行うのか，また，その後の話し合いや発表にどの程度の時間を費やすのかなどを説明する。

【グループ分け】

　活動の目的，内容，活動時間によって，グループの形態は異なる場合が一般的である。グループ分けに関しては，「適切なグループの大きさ（人数配分）」「グループ分けの方法」などを考慮する必要がある。以下にいくつかのグループ分けの方法を紹介する。

ランダムに決定する場合

① **カウント**：最終的に作りたいグループの数を決め，それに合うように学生をカウントしていく。例えば，30人を6つのグループ（1グループ5人）にしたい場合，最初の学生が1，次が2で，6までカウントし，次の学生からまた1から数え直す。

② **ラインアップの技法**：学生を誕生月順（1月～12月），名前のアルファベット順などに並べ，必要な人数ごとに列を区切り，グループ化する。

③ **マッピングの技法**：教室の東西南北を決めて学生の居住地や学生が行ってみたい場所ごとに集まる。必要な人数ごとに領域を区切り，グループ化する。

意図的に決定する場合

① **日頃の取り組む態度・姿勢**：教員が日頃の態度・姿勢を考慮し，目的に合うようにグループ分けする。

② **質問への回答**：教員が学生の意見や態度を測る質問を用意する。例えば，幼児期の保育について話し合うとき，「幼児期には自由な遊びが最も大切で，ルールや規範を教える必要はない」といった質問をし，1：そう思わない～4：そう思うの4件法で答えてもらう。その後，同じ意見をもつ学生を集めたい場合は，同じ番号を答えた学生でグループ化する。異なる意見をもつ学生を集める場合は，各グループに1・2・3・4と答えた学生が均等に入るようにする。

【ウォーミングアップ】

　ウォーミングアップは，グループ活動にとって極めて重要であるといえる。メンバーがより自発的に活動でき，活発な交流が行えるような雰囲気づくりを行うことがその後の展開に影響を与える。ウォーミングアップの技法として様々なものが開発されている。本書の第8章（p.75，76）の演習［1］［2］はウォーミングアップの技法として活用できる。

課題1　保育場面において行う子どもを対象としたグループ活動のウォーミングアップについて，その内容と方法について話し合ってみよう。

（3）展開段階

　グループで話し合いを行う場合は，必要に応じて司会・記録係・発表者などの役割を決める。また，実際の活動が行われている間，教員は，「学生一人ひとりの様子」「学生同士

の関係性」「グループ全体の雰囲気・展開過程」に注意を払う必要がある。そして，学生同士が交流をしているか，知識や技能の修得が進んでいるか，学生の気づき，洞察などが得られているかを見ていく必要がある。さらに，グループが停滞している場合など，教員が必要に応じて介入することが求められる。

⑷　終結・話し合いの段階

　グループ体験をした後は，感じたこと，気づいたことを個人で振り返ったり，体験したことを他者と話し合う時間をもつことが必要不可欠である。すなわち，そこで何が起きたのか，なぜ，そのようなことが起きたのか，その時の気持ちや気づきについて語り，他者の意見を聞くといった分かち合いがなされることが重要である。

2．保育・教職実践演習で行われる実践例

　次に，実際にどのような形でプログラムが行われるかを大まかに分類したい。もちろん，これらのプログラムは2つ以上を組み合わせて行う場合も多い。

> ①　課題やテーマについて話し合うことを中心としたプログラム。
> ②　映像記録を活用したプログラム。
> ③　創作活動を取り入れたプログラム。
> ④　アクション（行為）を用いたプログラム（ロールプレイングなど）(第8章へ)。
> ⑤　事例研究（ケースワーク）(第7章へ)。

　ここでは，①～③のプログラムについて詳しくみていき，それぞれに対応した演習課題（p.57～60）も用意している。④・⑤の実践は本書の第7章（p.61～），第8章（p.69～）で詳しく紹介されている。

1　課題やテーマについてのグループでの話し合いを中心としたプログラム

　話し合いの技法としてよく知られているものに，「ブレーン・ストーミング」，「パネル・ディスカッション」，「KJ法による概念化」がある。

　ブレーン・ストーミング[2]とは，「アメリカの心理学者オズボーンの考案した発想法。既存の考え方にとらわれずに発想し独創的なアイディアを生み出すため，集団の機能を利用する集団思考法である」とされる。基本原則として以下の4つがある。①　他人のアイディアについて評価・批判しない，②　自由奔放なアイディアを尊重する，③　アイディアの量を求める，④　他人のアイディアの結合と改善をする，である。

　パネル・ディスカッション[3]とは，「発題者や批判者などの役割を演ずる複数の固定化した話者達が，聴衆の面前で特定のテーマについて議論する討論会。通常は司会者が討論を司る。フロアにいる一般の聴衆が副次的に討論に参加することがある」とされる。

　KJ法[4]とは，「川喜田二郎の提案する発想法。個人の考えや観察，仲間の話したことなどを「一事一項一カード」を原則として単位化し，適切な一行見出しをつけて概念化する。

それらのカードを全体を概観できる範囲で並べながら，親近性のあるものをグルーピングし，共通する特徴を圧縮して見出しをつけさらに，関連の深いもの同士をまとめる」とされる。KJ法では，経験的事実の一般化が図られ，理論化の基礎とすることができる。

② 映像記録を活用したプログラム

ビデオや写真などの映像記録を活用したグループでの学び合いが考えられる。これらのプログラムの利点は，① 共通の映像を見るため，短時間でも分かりやすく共有できる，② 子どもの言葉，表情，身体の動き，人間関係，保育者の働きかけなどが映し出され，情報量が多い，などが考えられ，議論が活発になることも多い。反面，ビデオからは子どもや保育者のその場での心情を読み取ることができない場合があり，表面的な行動のみが真実として語られる危険性がある。不用意な発言は，撮影された子どもや保育者の思いを傷つけることもある。あくまでも切り取った1つの保育場面として受け止める必要がある。

③ 創作活動を用いたプログラム

ペープサートやパネルシアター，劇づくり，絵本づくりなど，学生が児童文化財や表現活動をグループ活動として行う場合がある。しかし，これら教材作成は，子どもの興味・関心や発達を無視し，大人の視点で"見世物"としてつくられることもある。「保育・教職実践演習」においてプログラムを行う場合，学生がこれまで学んだ保育の目標や内容を理解しているか，また，子どもの遊びを豊かに展開するための知識や技術を身につけているかに着目する必要がある。すなわち，これまでの保育に関する科目の学びを横断的に統合できた創作活動になっているかが重要になるであろう。

課題2　これまで実習などで行ったペープサートやパネルシアターといった創作活動について，子どもの興味・関心や発達段階，または，日々の保育の目標に合ったものだったかを，グループで話し合ってみよう。

演　習

[1] 課題やテーマについて話し合うことを中心としたプログラム。

　　ブレーン・ストーミング，KJ 法を用いたグループでの話し合い。

【ねらい】

① グループで取り組むことで，1 つの課題に対して多くの知見を得る。

② 課題について整理，考察，検討を行う。

③ 課題についての新たな捉え方や発想を得るきっかけとなる。

【進め方】

① 教員が，「保育者が身につけるべき知識や技能について」「少子化への対応」「虐待及び
それに伴う世代間連鎖について」など，p.53 に示したような「保育・教職実践演習」で
取り上げるべきテーマの例をあげ，そのテーマについて思いつく限り自分の意見や思い
を書き出してみるように説明する。

② 付箋紙（意見を 1 つずつ書ける程度の大きさのもの）を 1 人 10 枚程度配り，各自付箋
紙に意見を記入していく。10 以上アイディアが浮かんだ学生には追加の付箋紙を渡す。

③ 5〜6 人のグループになる。この時，司会や記録係は設けない。

④ グループごとに模造紙を配り，グループで話し
合いながら，意味的な内容が近い付箋紙を集めて
グルーピングしていく。その際，1 つのまとまり
を構成する付箋紙の数の多少があってもよいこ
と，どこにも属さないと考えられる付箋紙があれ
ば，それ 1 つでもまとまりを構成してよいことを
伝える。

【KJ 法の一例】

⑤ 新たにグルーピングしたまとまりに，グループ
での話し合いを通して名前をつけていく。活動を
楽しめるように，模造紙にはカラフルな色を使ったり，絵を描いたりしてもよい。

⑥ 全体への発表として，教室の壁に模造紙をはり，学生が移動しながら各グループの模
造紙を見ていく。その後，振り返り用紙に感想や意見を記入する。

[2] 映像記録を活用したプログラム，ビデオを活用したグループでの学び合い。

【ねらい】
① 保育を観察する視点を磨く。
② 保育の課題を見出し，子どもあるいは保育者の立場から考察，検討を行う。
③ 保育の課題を明確にし，今後のよりよい保育内容，環境構成などについて考える。

【進め方】
① 市販されている保育教材ビデオを用意する。解説入りのビデオの場合は音声をオフにすることも考える。解説によって自由な発想が阻害される場合もあるためである。

② ビデオ視聴の記入用紙を配布し，ビデオを視聴する。視聴中は見ることに集中してほしいため，用紙の記入は，気づいたことをメモする程度にしておく。

③ 記入用紙に自分の意見を整理する。なお，今回筆者が作成した記入用紙は，学生のビデオを見る視点を明確にするため，「チェックリスト」形式にしている（次頁を参照）。

④ 5～6人のグループになる。まず，司会・記録係・発表者を決める。

⑤ 記入用紙の記述をもとにそれぞれの意見を話し合う。その際，例えば，保育者の関わりに関して，「よく関われている」「あまり関われていない」といった「できている」「できていない」のみを取り上げることがないようにする。
　「できている」とした場合にも，映像に映ったどのような保育者や子どもの姿からそう思ったのか，その時の子どもの思いや保育者の意識はどうだったかなど各自の考察をまじえて話し合うことが大切である。
　また，「できていない」とした場合にも，そこに生じている課題はなにか，さらに，今後よりよくするためにはどのような工夫が必要かを話し合うことが大切になる。

⑥ 各グループの発表者がグループの意見を要約して発表。また，もう一度ビデオを見て，自分たちの気づきを振り返る場合もある。

ビデオ視聴のワークシート

[1] ビデオを見て,「気づいたこと」「なぜそうなったのか（原因）」「自分ならどうしたか（関わり方）」を考えてみよう。

[2] 次のチェックリスト用いて保育環境・保育内容を振り返ってみよう。

		見る視点, 項目	なぜそのように見えたのか？ 今後, よりよくするためにはどうしたらよいか？
保育環境について	1	一人ひとりが安全で快適によりよく生活できる空間（スペース）が用意できているか。	
	2	子どもの活動を豊かにできる素材・教材を用意できているか。	
	3	子どもが感情や気持ちを自分らしく表現できる環境が用意できているか。	
遊びや活動の内容	4	子ども自らが意欲的に遊びや活動に取り組めているか。	
	5	子どもの個人差を配慮した内容の活動ができているか。	
	6	子ども同士の人間関係が形成・発展する内容となっているか。	
保育者の関わり	7	保育者自身が子ども達と生き生きと遊べているか。	
	8	活動の内容やルールを分かりやすく子ども達に伝えることができているか。	
	9	子どもの感情や気持ちを理解した関わりができているか。	

［3］創作活動を取り入れたプログラム，理想の幼稚園・保育園づくり。

【ねらい】
① 保育に関する科目横断的な学びとなる。
② 保育の目標や内容，保育課程や環境構成など，保育の全体的な構造を理解する。
③ 園の保育の独自性を明確に意識する。

【進め方】
① ５人〜６人のグループになる。メンバーの話し合いの中で，新しい園を開園する構想を練る。その際，園を「設置する場所」「建物の設計」「教材の準備」などのハード面，園の「沿革」「保育方針」「保育内容」「保育課程」などのソフト面を検討する。あわせて，園歌の作詞・作曲，園章のデザインなども考える。

② グループのメンバーが分担して，上記で考えた園のパンフレットや園紹介のパワーポイントを作成するための資料を集める。その際，以下の点を考慮する。
　・例えば，園の場所に関しては，開設を考えている市区町村の既存の保育園，幼稚園の場所や地理情報を把握したうえで，どこに園を建てるかを決める。
　・保育方針・内容，保育課程などに関しては，「幼稚園教育要領」「保育所保育指針」「児童福祉施設の設備及び運営に関する基準」などの法令や制度を調べる。また，市区町村の「次世代育成支援行動計画」などを調べて地域の実情に合うものとする。
　・園歌や園章のデザインについては，音楽や造形担当の教員に相談してもよい。

③ 各グループの発表は，作成したパンフレットやパワーポイントを用いて行う。園の環境や目指す方針・内容などについて，どうしてそう考えたのか（理由），また，自分達が考える園の独自性が伝わるように発表する。また，創作した園歌や園章のデザインなども発表するとよい。

④ 発表の際には，各自が各グループの「よかった点・工夫されていた点」を用紙に記入し，発表後の振り返りに使用する。

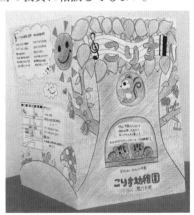

［パンフレットの一例］

📖 演習で学ぶポイント

　① グループにおける学び合いを通して１つの課題に対して多くの知見を得られたか。
　② 保育の課題について整理，考察，検討を行い，新たな捉え方や発想を得られたか。
　③ 今後のよりよい保育内容，環境構成などについて考えられたか。
　④ 保育に関する科目横断的な知識や技術を体験的に学ぶことができたか。

第7章 保育実践力を育む方法と内容Ⅱ
―事例研究―

　皆さんは，これまで幼稚園，保育所，施設などでの実習を終え，印象に残っているできごとがあるだろうか。それぞれの実習では，実習日誌の記述が求められ，その日の保育を思い出しながら，何を書こうかと迷いつつ記録したことだろう。また休憩時間や保育後に，指導保育者とその日の保育や，子どもについて語り合った人もあるだろう。本章で取り上げる事例研究は，そのような体験に繋がるものであり，より保育者としての力量を向上させる方法である。

　本章では，下記事項について学習することをねらいとする。

① 事例研究を実践するために必要な基礎事項を理解する。

② 保育について省察し，保育の質を向上させる視点を確認する。

③ 事例を記述する力，語る力を増進する。

④ 自分の子ども観，発達観，保育観を見直す。

1．事例研究とは

　事例研究は，英語でケース・スタディ（case study）と呼ばれる。事例研究というと，医師が子どもの病気について治療方針を検討したり，福祉職であるソーシャルワーカーが虐待されている子どもの支援について調査することが思い浮かぶだろう。保育でも，特別な援助を必要とする子どもについて検討することがある。しかし事例研究は，このような困難さを抱えている事例についてのみ行われるわけではない。

　事例研究は，固有で複雑性をもつ事例に対して，その複雑性を理解しようとするものである。人との関わりに困難さを抱えている一人の子どもについて，多面的に理解し援助方針を考える事例研究や，子どもの笑いの発達についてなど，あるテーマについて事例を通して明らかにしようとする事例研究もある。すなわち事例研究は，問題解決のためにとられる方法ではなく，対象を理解しよりよいものを導くために用いられる方法である。

　本章では，保育においてどのように用いることができるのか，実践的に学んでいこう。

2．事例研究の方法

　保育における事例研究の進め方としては，大きく分けて2つのタイプがある。

① 明らかにしたいテーマを明確にして進めていく方法（例：保育環境の改善を図る，子どもの援助の方針を考える）。

② 日常的なできごとを取り上げ保育を振り返り，保育者としての力量の向上を図る方法。

①は，目的が特定されているものであり，テーマや子どもを特定した場合には，いくつかの事例を収集し解釈や分析を行い，結論を導く。②は，日々の保育を振り返りながら，考察を進めていく過程の中で，あるテーマや子どもの様子が浮かび上がり，①の方法へ移行していくこともある。

ここでは，どちらの方法にも共通する事例研究の基本的方法について理解しよう。

①　できごとを取り上げる

日々の保育には，たくさんのできごとが生まれている。その中から，何を取り上げたらよいか迷うことだろう。どうしたらよいか考えてしまうような困ったことがある場合には，それを取り上げて援助の方法を考えたいと思うだろう。

けれども，まずは印象に残ったできごとを取り上げてみよう。保育者としての専門性や人間性を持ち保育を振り返ったとき，自分の中に残っているできごとは意味を持つ。仕事をこなしているだけで，目の前の子どもの心を感じて保育をしていなければ，取り上げたいできごとも見つからない。気負い過ぎて保育をしていても見つからないだろう。「子どもってすごい」「なんでこんなことをするのだろう」など，保育者自身が心動かされつつ保育をしているだろうか。また保育者として，保育や子どもの育ちを見る目を持っていないと，取り上げてもあまり意味のないできごとしか思い浮かばないこともある。

できごとを取り上げるところから，自分の保育への姿勢が問われるのである。

②　できごとを記述する

できごとを記述するときには，2つの段階がある。まず1つ目の段階は，自分にとって分かる記述である。その場にいて見ていた自分は，多くの情報が書かれていなくてもできごとを思い浮かべることができる。自分一人で保育について省察する場合には，これでもよいだろう。そして2つ目の段階として必要になるのは，そのできごとを見ていない読み手に伝わる記述である。事例研究は他者と共有することで理解が豊かになるので読み手に伝わる記述を身につけよう。お話を語るように書かれた多すぎる情報も子どもについての否定的な情報も，読みとる人の理解へマイナスの影響を与えることがある。ここでは，読み手に伝わる記述のポイントを把握しよう。

(1)　できごとや子どもの様子が生き生きと思い浮かべられるように

そこで子どもが何をしていたかだけでなく，表情やしぐさなど子どもの気持ちの表れを記述する。「楽しそうだった」と感じ取ったのは自分である。それをどこから読みとったのか，その時の子どもの様子を記述する必要がある。最初から最後までお話を読むように書くわけではなく，理解のために必要な情報を記述する力をもちたい。

(2)　育む温かさが感じられる表現を

保育者が子どもの様子をどのように捉えているかが，言葉に表れる。入園してしばらく経っても泣くことの多い子どもがいた時，「なかなか園の環境に慣れず，泣き続ける」と

書く場合と,「まだ不安や緊張を感じているようで,泣くことでその気持ちを表現している」と書く場合とでは,保育者の捉え方は異なる。否定的な表現は,困り感にとらわれたままどうにかしなくてはと考える方向へ,肯定的に捉えるとこれから大事に育てたいものを見いだす方向へ理解が向かう。

(3) 保育者の関わりや感じ考えていたことも記述する

保育は,子ども,もの,人,事象の相互関係の中で展開される。そこに関わる保育者は,子どもや環境などを適切に捉えようとしながらも,できごとに身も心も巻き込まれる。その場で,どのように援助しようかとゆっくり考えて応答している時間がないことも多々ある。けれども,そこで自分がどのように感じ取り,どのように援助したのか,その時の保育者の気持ちも含めて記述することが,保育者自身の成長につながる。

(4) 記録を読み直す

できごとが起こった日の記録は,自分のその場面への思い入れが強く,勢いを伴って記述される。ところが,2～3日後に読み返すと,その場面を見ていない読み手には分かりにくかったり,自分の思いの強さに流され,余計な記述が多かったり,子どもの様子が分かりにくい記録になっていることがある。必ず,一度書いた記録を他者の目を持って読み直し添削して,より適切なものにする。

課題1 最近出会った子どもについて,印象に残っているできごとを自分の備忘録として書いてみよう。

課題2 課題1に書いたできごとを読み手に分かるように書き直してみよう。

③ 読み手にわかるようにできごとの背景を記述する

伝えたい内容を読み手がよく理解できるように,そのできごとの日時,環境や人間関係,これまでの経緯,登場する子どもについて,家庭的背景など,理解の補助として必要な情報を背景として記述する。

課題3 課題2の背景を書いてみよう。

④ 考察する

子どもの行動などから,裏側にある子どもの気持ちや経験していることを理解してみよう。同じ水遊びをしていても,水の感触を楽しんでいる子どももいれば,水を触りながら「みず！」と言い,ことばや概念を獲得することがうれしい子どももいる。1つのできごとに関わっていても,そこで子どもが経験していることは異なる。そこで子どもがどのようなことを感じ,どのような経験をしていたのかを捉えよう。

その場合に,なんとなくそう思うではなく,どのような点からそのように理解するのか,その根拠を明確にしよう。表情や動き,子どものいつもの様子,多くの人が共通にもつ感

情（笑いかけるのは親和感情の表れであるなど），発達の視点から言えること，自分自身の子ども時代と重ね合わせて考えるなどの方法がある。決して，恣意的（勝手きまま）に解釈してはならない。

　子どもについて理解しようとする時，今のできごとだけから理解しようとするのではなく，ときにはこれまでの様子を思い出してみると，事象の関連が浮かび上がり，これまでのできごと，今のできごとの意味が理解できることがある。

　また，子どもについてだけでなく，そのできごとでの自分の関わりについても考察しよう。記録を書いていく中で，振り返って自分の関わり方について思うこと，他の関わり方の可能性など多面的に考えてみるとよいだろう。

　そして，このできごとで自分は何を伝えたいのか，それがわかるような題をつけてみよう。ときには，事例を書いてみたが，題をつけようとしたらつけられず，取り上げるほどのことでもなかったということもある。

　保育における事例研究は，原因を探し求めるものではない。理解しようとする方法であり，子どもにどのような援助をしたらよいか，保育や自分の関わり方をどのように改善したらよいか，またどの点は今のままでよいかについて考える手掛かりとなるものである。

課題4　課題2で記述したできごとに題をつけ，考察を書いてみよう。

5　事例記録を共有し語り合う

　1から4までの作業を一人で行い，自分の保育について見つめ直すことができる。そして事例記録を他者と共有し語り合うことで，さらに理解や学びが広がり深まる。

　読み手は，書き手の立場になったり子どもの立場になったりして，事例記録を読む。そして，そこから感じ取ったこと，考えたことなどを語り合う。できごとは複雑性を伴っているため，書き手が捉えたものはある一面である。読み手との語り合いにより，その子どもの他の場面を見ていた保育者や他職種の異なる視点を知り，書き手にも読み手にも新しい気づきが生まれる。また，書き手が理解できていないことや理解や関わりが間違っているように思えることがあるかもしれないが，その伝え方には書き手を尊重しつつ共に学び合う姿勢が求められる。事例を検討する場が，批判される場になっては，対等な立場に立って語り合うことはできない。

課題5　語り合いに参加し気づいた自分の姿勢や考え方，学んだことについて，書きとめよう。

6　テーマについて事例研究を行う場合

　あるテーマについて，事例研究を行う場合には，1から4または5までの作業をして収集した事例について，整理・分析し結論を導く。ここでは論文を作成するような大掛かりな事例研究ではなく，保育者が保育を担いながらも実践が可能な形について述べよう。

　例えば，自分が担任をしているクラスの子どもの中に，生き生きと遊びこむ子どもとそうでない子どもがいるとしよう。どうしてこのような違いが生じるのか，生き生きと遊び

こめるとは，どのような場合だろうかという疑問を持ったとする。このような場合に，日々の保育の中で生き生きと遊びこんでいる子どもの事例を集める。そして，考察の視点として，「生き生きと遊びこむ」を育み支えている条件を見出すことを柱に置く。そして集めた事例を論文や文献を参考にしつつ整理・分析し，「生き生きと遊びこむ」を育み支えている条件を明らかにしていく。このようなテーマを立てた事例研究は，一人でもできるが，園内で保育者が共同して研究すると，職員全体の力量の向上と共通理解が図られる。

3．保育における事例研究の意義

　保育では，似たような状況が表れることはあっても，どれも個別の一回限りのできごとである。同じ当事者で同じようなことが複数回起きても，当事者は日々成長し同じ人ではない。ここに保育の豊かさがある。事例研究は，複雑性を伴う保育の豊かさへの理解を向上させる方法である。そして保育実践力を育む方法としては，次のような意義がある。

1　総体を捉え理解する

　保育は，保育者が子どもと共に生活をし，巻き込まれながら展開する。保育実践力を育む事例研究は，保育者もできごとに関わり，子どもやできごとをまるごと捉える。何かができるようになるという外面的に捉えられるものだけでなく，それを経験した子どもの内面をも捉え，子どもや環境，人間関係，そして自分自身をも含めて総体的に理解する必要がある。断片的に捉えてはわからない事象の関連や意味が，総体的に捉えることで見えてくる。また記述することで，実践より一歩距離をとった所から総体を捉えることができる。

2　保育者も省察の対象となる

　保育の場は，子ども，もの，人，事象が関係する場である。子どものことを取り上げる場合にも，そこにいる保育者の関わりぬきには，語れない。また保育のどのようなできごとを事例として取り上げるのか，ビデオで記録されたどの場面を取り上げるのか，そこに保育者の「私」が表れる。特に保育者が記録について語ったり記述する場合には，その場に子どもと共にいて感じ考えたこと，子どもと共有した感情，自分の関わりなども表現され省察の対象となる。この振り返りは，自分の関わり方，考え方，価値観，保育観などの傾向を知る機会となり，保育者としての力量が向上する重要な機会となる。

3　時間軸の中で理解する

　子どもの行動は，なぜこのようなことをするのだろうかと疑問に思い，理解できないことがたびたびある。不思議に思いながら，毎日の保育が積み重ねられていく。今ここで理解できなくても，それを記録しておくことで，自分の中に留めおかれる。ところがあるとき，子どもの行動の意味がつながり，こういう気持ちだったのか，こういうことだったのかと理解が進む。保育は，今ここで理解できることもあれば，後になって理解できることもある。事例研究は，日々の事例の広がりと重なりの中で，道筋が見えてくる方法である。

演 習

[1] 2 節（p.61〜）の事例研究の方法で記述した事例をグループで紹介し合い，記述の仕方や考察について良い点や改善すべき点などを伝え合おう。

【話し合いで気づいたこと】

[2] 保育場面で，印象に残っているできごとを章末のワークシートを使って，エピソード記録として書いてみよう。そして，グループで事例を共有し一緒に考察をしてみよう。

【自分の関わりやできごとの考察について気づいたこと】

[3] グループごとに，次のテーマから 1 つ取り上げ，事例を 10〜20 以上あげ，そこから導き出せることを考察してみよう。
・子どもの水遊びや砂遊びの様子とそこでの経験を考察する。
・子どもが安心して過ごすための条件を考察する。
・子どもが待っている場面（給食を待つ，保育者の指示を待つなど）を取り上げ，改善の方法を見出す。
手順　① グループでテーマに関する事例を記録にする。
　　　② 事例を紹介し合い，各事例のポイントになることを確認する。
　　　③ 文献やこれまで学んできた知識を参考に分析する。
　　　④ テーマについての考察を話し合い，ポイントをまとめる。

事例研究　ワークシート

[1]　題

[2]　事例の背景

[3]　記　録

[4] 考　察

[5] 話し合いにおける気づき

📖 **演習で学ぶポイント**

① 取り上げたできごとは，事例研究をする意味のあるものか。

② 読み手に分かる記述ができたか。

③ 考察は恣意的にならず，多面的に捉えられたか。

④ 読み手と理解を共有し，豊かに学び合えたか。

第**8**章 保育実践力を育む方法と内容Ⅲ
―ロールプレイング・心理劇―

📖学習のねらい

保育は実践の科学である。保育者が保育の場でどのように役割を果たすかによってその成果は大きく異なる。保育者は,「いま・ここで・新しく」保育者と子どもの関係が発展するように,役割を担っていかなければならない。そのために,心理劇・ロールプレイングは有効な学習方法である。本章では,次の3点を学習のねらいとする。

① ロールプレイング・心理劇の基礎理論を理解する。

② ロールプレイング・心理劇を体験し,自身の自発性,創造性を伸ばす。

③ 様々な課題についてロールプレイング・心理劇を展開する力を身につける。

1. ロールプレイング・心理劇とは何か

1 ロールプレイング・心理劇とは

ロールプレイング・心理劇†は「劇化」あるいは「役割演技」などの名称で1960年頃から広く教育現場で活用されてきた教育方法である。近年,教員（保育者）養成においても有効な学習方法として注目を集めており,新しい科目「教職実践演習」や「保育実践演習」においても,その活用が期待されている。

保育者養成課程で学ぶ人達は,実習前に作成した指導案の模擬保育などで,保育者の役割を演じたことのある人も多いだろう。保育者の役割を担って実際にやってみること,これもロールプレイング・心理劇である。しかし,これまでに体験した内容は,保育者「らしくふるまう」ことや,保育者として課題に対して「どうふるまえばよいか」などについてやってみる,すなわち練習することのみが大きな目的となっていたのではないだろうか。

本来,教育分野におけるロールプレイング・心理劇は,演劇的手法を用いながら,そこに自発的,創造的なふるまいが発揮されることで,問題解決への新たな発想を見出して行くところに大きな特色がある。本章においてその基本原理を学び,ふるまいながら考えることの面白さと奥深さを体験してほしい。

---

† なお,本章では,ロールプレイングと心理劇を併記している。一般的には,「心理劇」という名称が,ロールプレイングを含めたアクション（行為）を用いた治療的・教育的集団技法の総称であるとされている（日本心理劇学会会則1995年12月2日制定による）。しかし,本章では,教育分野で広く用いられているロールプレイングと併記することで,ここでの内容が読者にイメージしやすくなると考え,「ロールプレイング・心理劇」と表記する。

② ロールプレイング・心理劇の特徴

ロールプレイング・心理劇は，このように演じなければならないという決まりはなく，参加者が自発的に作っていく即興のドラマであることに大きな意味がある。前もって考えられた動きが，演じる過程において新たな発見を生み，変化していくことに意味を見出すことができる。机上での考察と，ロールプレイングを経ての新たな気づきを総合して，保育者としての洞察を深めていくことに役立ててほしい。

ロールプレイング・心理劇においては，自発性や創造性が重視されるが，それは，まさに，保育者にとって必要とされる資質である。自身の保育実践力を高める学習方法として，ぜひ活用してほしい。

(1) 基本原理

基本原理としては，以下の3つである。

> ① 自発性の原理（いま・ここで・新しくふるまう）
> ② 役割の原理（型どおりにふるまう「取技」，自分らしく型をかえる「演技」，自由に
> ふるまい方をつくり出す「創技」）
> ③ 関係の原理（自己・人・物などが相互に関係している）

(2) 構成要素

ロールプレイング・心理劇には，「監督」「補助自我」「演者」「観客」「舞台」といわれる基本的な5つの構成要素がある。

この5つの構成要素を理解し，それぞれの果たす役割を担うことで，状況の把握の仕方や，肯定的なものの捉え方など，保育をするときに大切な考え方に通じる視点を伸ばしていけるようにしてほしい。

ここでは分かりやすく，具体的な動きや意味を示して，その働きを解説し，そこで培われる保育者としての力を述べる。

【監督―演出すること】

集団で，ロールプレイング・心理劇を用いて学習するときに，まず，テーマの決定について中心的な役割を担い，劇の進行全体についてリーダーシップを取って動く人を「監督」という。劇の進行に当たっては，ストーリーの展開に必要な場面の転換を指示したり，終結の合図を出すなど，劇全体の流れを演出する役割を担っていく。一方，監督は参加者の自発性が発揮されるように促すことが大切で，あまり細かいことまでを決めてしまわずに，場面の展開を柔軟に変化させられるように見通しを持って，流れを見ていくことが求められる。

終結後は，参加者の感想を聞くなど，体験を共有し，深めていく。その際には，それぞれの意見を肯定的に位置づける姿勢が大切である。この役割を担うことによって，状況全体を把握しまとめる力，参加者全員を位置づける配慮，参加者の発言を肯定的に位置づけていく姿勢などが培われる。

　保育において，クラス担任として学級運営に関わり，方向性を示す力は，上記の意味で監督的な力ということができるだろう。

【補助自我―支え合うこと】

　劇化において，監督の意図を理解し，場面の展開がスムースに運ぶような具体的な役割を担ったり，演者に寄り添って，演者が動きやすくなるように補助したり，十分に表現しきれなかった気持ちを代弁するなど，参加者や状況を支える役割を「補助自我」という。この役割を担う人がいることで劇は内容が発展し，課題に対する発見も多くなる。また，このような体験を通して状況や他の人を支える力の基礎が育てられていく。

　保育者は，日常の保育場面では，一人ひとりの子どもに寄り添い，その思いが実現するようにすること，また，一人ひとりの発達課題を見極め，活動を提案するなど，個人や集団に寄り添う補助自我的な力が重要である。また，活動全体の流れを見通して，遊びがより充実するような役割の取り方も補助自我的な役割といえる。

【演者―演じること】

　心理劇で役割を担って演じる人を「演者」という。演じるときには，上手に見せる必要はない。見せるためではなく，自由に，創造的にふるまうことが大切である。自分が課題に感じていることを自ら演者となってやりながら考える場合もあれば，保育者として，これから体験するであろう役割を演じてみる場合，また，子どもや園長先生など，社会的には経験できない役割を体験してみることもできる。そして，ロールプレイング・心理劇では，「物」になって心理劇場面に位置を占めるなど，様々な役柄を演じる可能性が開かれている。これらを通して，自発的に，創造的にふるまえる力を育てていく。

　保育者は，保育の場面で様々な役割を担うことが期待される職業である。演じることにより自らの可能性を開く体験ができるだろう。

【観客―観ること】

　ロールプレイング・心理劇では，実際に演じるだけでなく，演じている状況を観ることにも意味がある。

　「観客」は演者がふるまうのを温かく見守ることで，演者が自発的にふるまいやすい状況を作る役割を担っている。また，自分の課題を他の人に演じてもらい，それを観客として観ることで考えるヒントを得ることもできる。さらに，内容を客観的に捉えたり，あるいは演者の誰かに注目して心情を考えるなど，様々な見方をすることにより，多くの気づきが生まれる。

　劇の始まりには観客の役割を担っていた人が，内容がより発展するために必要だと思った役になり，自発的に途中から演者として参加するなど，ダイナミックな動きをすることも許されている。

　劇後に，発見や感想を述べるときに，劇全体を肯定的に捉えて発言することを通して劇活動の成果を共有し深めていく役割を担うことは，観客としての大切な役割でもある。

　ロールプレイング・心理劇の観客としての要件を理解していれば，幼稚園教育要領（第1章第1幼稚園教育の基本）に示された「幼児一人一人の活動の場面に応じて，様々な役割を果たし，その活動を豊かにしなければならない」ということの真の理解に通じていくことだろう。

【舞台─空間を活かすこと】

　心理劇的行為を行う場所はすべて「舞台」として捉えることができる。心理劇の創始者モレノは，劇を効果的にするために，段差のある空間として，三段舞台を考案したが，決められた場所や道具がなくても，いつでも，どこでもロールプレイング・心理劇をすることができる。

　特別に場所を区切ったり，スペースを確保しなくてもよい。教室はもちろん，廊下や，いま座っているところも，舞台となりうる。

　授業における舞台の体験では，座席に座ったままでも，あるいは代表者が教室の前方で，また，机を片付け椅子だけを残して参加者が輪になって，などテーマにあわせたスペースを舞台として活用してほしい。いずれの場合にも，舞台空間の特性－位置，向き，勾配，距離，広さ，領域区分，通路など－がロールプレイング・心理劇の展開に大きく関係してくる。

　例えば，人との出会いの場面で，舞台空間のどこに，どのような向きで位置を占めるかによって，人間関係の形成のされ方は異なる。ロールプレイング・心理劇体験を通して舞台空間の重要性に気づき，その特性を生かした場面づくりに習熟していくならば，保育場面においても意識して空間の使い方を工夫していくことができるようになる。

　子ども達の遊びは，例えばままごと遊びも，心理劇的要素にあふれている。楽しく，空想の世界であると同時に，真剣な体験である。そこでの時間は，子ども一人ひとりにかけがえのない体験となっている。

　ロールプレイング・心理劇で演じることを，「架空の世界」と捉えるのではなく，その時，その場で感じたことが，まさに1つの「現実の世界」であることを認識する必要がある。今まで理論的に学んできた子ども理解や保育理論について，自らの実感を通して理解する体験としてロールプレイング・心理劇を活用してほしい。

2．ロールプレイング・心理劇の効果的活用

　ロールプレイング・心理劇を実施することは，考えるほど困難なことではない。そして，ロールプレイング・心理劇に参加し，役割を担ってふるまうことは，様々な体験をもたらす。現実の時間的・空間的制限を超えて，異空間を設定して展開していくことが可能なロールプレイング・心理劇の体験は，ある人にとっては驚きの体験であり，またある人にとっては，感動の体験となる。

1　新しい発想

　筋書きの決まっていないロールプレイング・心理劇は，途中でゆきづまっても，そこにとどまらずに「なにができるか」「〜してみよう」との発想のもとに創造的に進めていくことが基本となる。人それぞれの異なる考え，異なる動きが相互に関連し合うときに，一人では思いつかないような新しい発想が生み出され，それは新しい場面展開のきっかけとなることを楽しんでほしい。そして新しい発想を具体的に展開していく過程で，また新たな役割が開発されていくところにロールプレイング・心理劇の醍醐味がある。

2　肯定的なものの見方

　ロールプレイング・心理劇では，参加者が互いに各人のあり方を認め合い，活かし合って，新しい関係を創造していくことが目指されている。

　全体を通して，「いま・ここ」で展開する場面を尊重し，肯定し，今の場面の中から，何かを見つけ出そうとする態度を養っていくことが大切である。

　ロールプレイング・心理劇に参加する人（演者，観客，補助自我，監督）は，「いま・ここ」で体験していることに基づいて考えを整理することが基本である。そして，否定的な学び方ではなく，発展的な役割の果たし方を目指すことが求められる。それは，例えば，「自分が実習したときは，今の劇のように子どもは反応をしなかった」とか，「実際の母親は，もっと厳しい言い方をすると思う」というように，自分の経験などに強くこだわった捉え方から脱して，今の劇から何かを見出そうという視点を成立させ，「何が今の劇のような子どもの反応を引き出したのだろうか」，「こういう言い方をする母親もあるのかもしれないな」と考えて，そこから，関係発展を担うことができる自分自身へのヒントを見出すことを目指してほしい。

3　終結段階での配慮

　ロールプレイング・心理劇の終結の段階においては，参加者は，劇後の感想や意見の発表に当たって，他人への批判に陥らないように注意すべきである。

　自由にふるまうことが基本のロールプレイング・心理劇では，演じた人は，自分らしさが出てもよいし，あえて，いつもの自分とは違うふるまい方をしてみるのもよい。そこで演じられた行為は，あくまで，課題の中でのふるまいであることを互いに了解しておく。意見を述べるときには，「あの人は」ではなく，「あの役では」という意識をもって発言す

るように心がけていく。

3．ロールプレイング・心理劇の実際

① 感じ方，ふるまい方が育つロールプレイング・心理劇

　私達の日常生活を振り返ってみると，客観的・物理的な世界とは異なる，主観的・心理的な世界があることに気づく。

　同じ大きさの部屋であっても，家具の配置を変えるだけで随分と広さが変わって感じられる。人が集まっているときにも，入りやすい雰囲気のときと，なんとなく声をかけるのもはばかられるときがあるだろう。ロールプレイング・心理劇の学習により，心的な世界についての理解を深めていくことができる（演習［1］，［2］）。

② 役割を通していろいろな視点が育つロールプレイング・心理劇

　ロールプレイング・心理劇では，自分自身の課題について，他の人の協力を得て考えを進めることができる。また，自分自身を他の人に演じてもらい，外側から自分の課題を眺めてみることもできる。そのほかにも，社会的には体験することのできない役割 – 例えば，女性が父親，大人が園児 – を演じて，新たな発見をする可能性がある（演習［3］）。

③ 課題・問題解決のためのロールプレイング・心理劇

　ロールプレイング・心理劇では，日常の保育場面における具体的な悩みや不安を取り上げ，場面を設定して，ふるまいながら問題点を明らかにしていく。その過程に，視点を変えて考えを発展させる可能性がある。

　実際の問題状況を再現したり，テーマが共通の新たな場面を設定して，参加者が自発的に演じることで，現実との違いから問題点を発見したり，解決の糸口を見いだすこともある。このとき実際の状況を再現することにこだわり過ぎると，場面の説明に終始してしまうので，要点だけを設定し，演者が自発的にふるまうことを尊重することが大切である。

　問題解決のロールプレイング・心理劇では，同じ場面を役割を交替して再演したり，全く新たな人が同じ場面を演じるなど，くりかえし場面を行うことも有効である。そのとき演者は場面に規定されて動くことを越えて，新しく場面を発展させるような動き方を意識して試みることが求められる。

　ロールプレイング・心理劇を体験すると，新しい自分と出会うことができるかもしれない。また，どのような状況であっても自由にふるまえる自分を育てることも可能となるだろう。その前提には，学習者それぞれが，「いま・ここで・新しく」，お互いのあり方を肯定的に捉え，学ぶことに積極的であることが求められる。

　保育者は，子ども達を育て，その家族を支援し，社会からの様々な要請にも応えていくことが求められている。そしてその行為が自発的に行われること，そして，創造性にあふれていることが期待される。ロールプレイング・心理劇を活用して保育実践力の向上に努めてほしい（演習［4］）。

演　習

[1] 子どもの目線

　大人と子どもでは，身長の違いがあり，普通に立っていれば，子どもは大人を見上げることになる。「子どもの目線に立って」とは子どもの気持ちを理解することがその本質であるが，実際に異なる目の高さを体験することで得られる感じ方を実感してみよう。

　次の3段階を，1つずつ，感じ方を自分の中で確認しながら体験する。

① 着席したまま2人1組になり，同じ目の高さで自己紹介し合い，自由に話す。
② 1人が立ち，1人は座ったまま，話す。
③ 立つ人，座る人を交替し，話す。

　体験後，それぞれが感じたことを発表し合う。このとき，自分が感じたことを素直に言葉にできることが大切である。自分と同じ感想を述べる人がいても，「前の人と同じです」と言うのでなく，自分自身として，改めて言葉にして発表していく。同じ内容であっても一人ひとりのニュアンスの違いが出ることを聞く人は捉えることができるだろう。

【体験後の気づき】

[2] ものを見立てる

　子ども達の遊びでは，実際に物がなくても，あるものとしてイメージして遊んだり，何かをそれと見立てて遊ぶ姿が見られる。また，遊びに後から加わるときに，「入れて」と言って仲間になるときもあれば，何らかの役割を取ることで遊びに加わることもある。ままごと遊びで宅配便屋さんがお届け物に来る役を担うことでスムーズに遊びに加われる，などである。保育者は，豊かにイメージを膨らませて場面を作る力が必要である。

　① 5〜6人で，丸く向き合って座る。
　② 起点となる人を決め，隣の人にプレゼントを見立てて渡す。プレゼントは同じものにならないようにする。
　　（実際の物はないが，「今日は○○を持って来ました…」と言葉を添えて手渡し，受け取った人は，ありがとう以外にも言葉を添えてお礼を言う）
　③ 受け取った人が，次の隣の人に別のプレゼントを渡す。受け取る人はお礼を言う。
　④ 各自が次々に渡す役，受け取る役を体験しながら2周する。

　実際にないものを見立て，やり取りができただろうか。また，相手が喜んでくれそうなプレゼントを渡すことができただろうか。もらった人は，思いがけないものであっても，お礼が言えただろうか。

【体験後の感想】

[3] 子どもと保育者の関わり

　次の場面について，子ども，保育者の役割を決めて演じた後，役割を交替して演じる。

　① ころんでひざから血を出して泣いているA子に関わる（A子と保育者）。
　② B男が乗っている自転車に乗りたいのになかなか交替してもらえず，不機嫌になっているC男に関わる（B男，C男，保育者）。
　③ 秋祭りのおみこし作りをしている5人のグループに関わる（子どもD, E, F, G, H,保育者）。

　1回目，2回目，3回目の感想と，役割交替をしての気づきを整理しよう。
また，観客として気づいたことも，記録しよう。

【体験後の感想と発見（観客としての気づき）】

課題解決のロールプレイング・心理劇用ワークシート

　グループになって実践・演習編（p.89〜）の事例の中から，心理劇を活用して考えたいテーマを設定し，実際のワークシートにしたがってやってみよう。

事例の概要

[1] テーマを決める

[2] 場面を設定する

[3] 演じる（1回目）
●演者，観客，補助自我，監督といった役割を決める

●演じてみての感想

[4] 演じる（2回目）─同じ場面を演者の役割を交代してやってみよう（新たな役
　　割が登場してもよい）。

●役割を決める

●演じてみての感想

[5] テーマとなった場面について，演じたことでの新たな気づきを話し合おう。

[6] 保育者としての自分の強みとこれからの課題を考えよう。

【自分の強み】	【課題】

📖 **演習で学ぶポイント**

① メンバー全員で必要な役割を担えたか。

② 他の人の意見を尊重しながら自分の意見を言えたか。

③ 現場で活用・実践できる新しい発見があったか。

第9章 保育実践力を育む方法と内容Ⅳ
―プレゼンテーション―

📖 **学習のねらい**

　保護者，また地域・小学校，あるいは同じ仕事をしている仲間に対して，保育者は自分達の保育の考え方や保育の実際を様々な方法で表現している。それらは日々の連絡帳，たより，各種お知らせはもちろん，小学校に進学した幼児達の個々の特徴や育ちの過程を幼稚園・保育所から「伝える」†ものなど多種多様にある。この章ではこのような伝達，連絡，表明などを，保育者による「発信」あるいは「プレゼンテーション」として捉え，その方法や留意点を考えていくこととする。具体的には次の3点を学習のねらいとする。

① 発信する保育者としてどのような自覚が必要かを具体的な事例とともに理解する。

② ビデオ，写真，イラスト，コメント，手紙などの多様なプレゼンテーション手段があることを知り，それぞれの特徴と使用する際の留意点を理解する。

③ 保護者に向けての「連絡文」を作成し，伝える際の留意点と子どもの姿の何を伝えたらよいのかを理解する。

1. 発信者としての保育者

① 発信者としての自覚

　保育は子どもと保育者の表現のキャッチボールであるといえる。子どもは自分の思いを言葉や表情や身体などで表現している。その表現を保育者は捉え，理解し，それに応じる形で表現するのである。その逆に，保育者は自分の中にあるその子への願いや保育のねらいを，環境構成や援助行為を通して子どもに働きかけ伝えていく。

　その際，子ども達や保護者，地域に対して自分が発信者であることを自覚することが求められる。何気なく発した言葉，立ち居振る舞いが子どもや保護者に何らかのメッセージを伝えていることを自覚しなければならない。保育中の自分の体の姿勢や表情を鏡で見ることはあるだろうか。真剣になるあまり目つきが険しくなっていたり，姿勢に疲労が見えたりしてはいないだろうか。忙しさのあまり言葉にとげとげしさはないだろうか。

② 社会人として，保育・幼児教育の専門職として

　次のような園からの手紙を見て皆さんはどう感じるだろうか。可愛らしくて良いと思うだろうか。もしも改善する点があるとすれば，どの点だろうか。

---

† 　幼児指導要録（幼稚園），保育所児童保育要録（保育所）などが，進学先の各小学校に送付される。

[保護者へのお知らせ　例]

保護者の皆様　　　　　　　　　　　　　　　　　　　　　　平成〇〇年〇月〇日
　　　　　　　　　　　　　　　　　　　　　　　　　　　　〇〇〇〇幼稚園
　　　　　　　　　　　　　　　　　　　　　　　　　　　　園　長　〇〇〇〇

平成〇〇年度　全体保護者会

1　4月からの教育活動について

教育目標
　　○　明るく元気な子ども
　　○　自分で考えて動ける子ども
　　○　友達と仲良く遊べる子ども

☆幼児が豊かな環境の中で心身を動かし遊び，確かな学びを得られる幼稚園でしたか？
　・子ども達一人ひとりと，担任やそのほかの教職員と信頼関係を築く努力をしてきました。
　・子ども達の興味や関心を捉え，その時期に経験させたい活動を精選し，教材研究を行いながら環境を整えてきました。
　・園内研究のテーマを『人との関わりの中で育ち合う幼稚園』として取り組んでいます。
☆教師一人ひとりが自分らしさを発揮しのびのびと保育に取り組める幼稚園でしたか？
　・各学年，教師同士の連携がスムーズになってきました。
　・担任5人が仲良く元気に，助け合いながら保育に臨んでいます。
　・夏休み中も，それぞれ，研修に参加し，更に専門性を高めていきたいと考えています。
☆保護者同士がつながり，子育てを楽しみながら育ち合う幼稚園でしたか？
　・父母の会，サークル活動…それぞれが活発に活動を進めてくれています。
　・むらさき祭りの準備も着々と…楽しみにしています。
　・親子体操，子育てトークなど行ってきました。

2　夏休み中の生活について
☆夏だからこそできる家族一緒の体験を！
☆健康で安全な生活を！(交通安全・誘拐・花火・水の事故…)
☆規則正しい生活を！(大人中心の生活にならないように)

　子どもが喜ぶからといって（あるいは自分自身が好きだという理由で）園からの手紙などに人気キャラクターのイラストを勝手にコピーして使ってはいけないのである。社会人として，著作権の問題にもっと敏感にならなければならない。

　また，可愛いイラストや漫画チックなイラストがたくさん使われている手紙や掲示物を見ることが多くある。本当に手紙や掲示にイラストは必要なのだろうか。保護者向けの発信（手紙や掲示物など）には必要ないだろう。なんでも可愛らしく子どもっぽくするのは保育者の悪い癖である。保育者や保育者の仕事が，社会の中で正当な評価を受けにくい原因の1つがこんなところにもあるのではないか。

　誤字脱字がないように注意するのは当然のことだが，文章表現や内容も，一人の社会人として，一人の保育・幼児教育の専門職としての発信が求められる。

課題1　グループで保護者へのお知らせ例について話し合ってみよう。

2．発信するときに
―相手の視点に立つ発信―

1　誤解を招かない，不安にさせない

　発信は自分の一人よがりではなく相手に結果として何が伝わったかに対して責任が求められる。「そんな"つもり"ではなかった」という言い訳は通用しない。そのため，相手がどのような受け止め方をするのか，どのように理解するのかを十分に考えて発信内容や方法を考える必要がある。園たよりに書かれた子どもの遊びに関する内容が，その日の親子の会話や夫婦の会話を豊かにすることもあり，その逆に不安を抱かせることにもなるのである。

例えば，次のクラスたよりの内容について，ある保護者達が「自分の子に何度聞いても，ロボット製作はしていないと言う。わが子はここに書かれているような望ましい発達から遅れているのだろうか。先生はわが子をきちんと見ていてくれているのだろうか」という不安を園長に訴えてきた。

[クラスたより　例1]

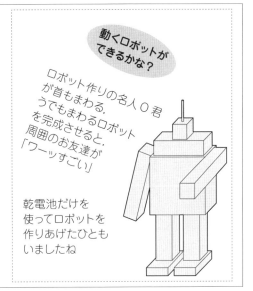

○組たより

・・・・・・（中略）・・・・・・・。

　このごろ，○組ではロボット作りが流行っていて，今日もA君，B君，C君達は一日中空き箱でロボット作りをしました。腕が回ったり，首が回ったり，足が前後に動いたりするロボットで，さすがに年長組らしい工夫がある製作です。集中力もついてきました。すごいですね。明日の変化が楽しみです。・・・・・・

・・・・（後略）・・・・。

動くロボットができるかな？

ロボット作りの名人O君が首もまわる，うでもまわるロボットを完成させると，周囲のお友達が「ワーッすごい」

乾電池だけを使ってロボットを作りあげたひともいましたね

　クラスの一部の子どもが字をすらすらと書いて友達に手紙を出している様子をクラスたよりで知らせたところ，まだ字を書けない子どもの親が大変心配して相談に見えたことがあった。

　一部の子どもの姿だけを取り上げてクラス全体に知らせるときには注意が必要で，伝えている子どもの姿がクラスの一部であることをきちんと断っておくべきである。できれば，その他の子どもはどんな様子なのか，これからどんな方向に伸びていくのか，保育者としてどのように援助していきたいのかなどに触れるとよいだろう。

課題2　例1の内容を生かしてより良いクラスたよりに書き直してみよう。

② 分かりやすく

　図，イラストなども使用し分かりやすく書くことが必要である。特に，外来語（カタカナ言葉）や保育関係者の中でよく使われる保育・教育用語などは，外部の人に理解しにくいことがあるので注意する。保護者の中には「園からのお手紙には，こちらが一番知りたいことがはっきり書かれていない。一番下（最後）まで読まないと結論がはっきりしない。まるで，トラップが仕掛けられているような気がして，いつも（間違えてはいけないと）ヒヤヒヤして読む」と本音を漏らす保護者さえいる。発信者（保育者）には「当たり前，こんなことぐらいわかるはず」と思われることでも，立場が違えばうまく伝わらない。

③ ユーモアを大切に

　誤解を恐れるあまり，改善していきたい子どもの姿などを書かないのでは発信の意味が薄れる。朝ごはんを食べずに登園する，登園時間が遅いため遊びの輪に入りにくい，忘れ物が多いなど，伝え方によっては保護者の子育てを非難しているようにとられる内容でも，なぜそのようなことが園生活で「子どもにとって大切」なのかを明確にしながら伝えることは大切である。その際，ユーモアを忘れないようにしたい。次の事例は，登園時間が遅いために十分に楽しめない子どもが数人いる状況を何とかしたいと考えた保育者が，毎日発行するクラスたよりに載せた文章である。

> 朝のおそ子（遅子）さん
>
> 　朝のおそ子さんは，とてもよく考えて行動するお子さんです。遊びの中でいろいろなアイディアを出し，行動し，着実に実現する力の芽を持っています。ところが，このおそ子さんの良い芽が一向に伸びません。友達の中でその存在がもっと光っていいはずなのに，曇ってしまっています。楽しく遊べて充実する日と，なんだかうつろな表情で友達に遠慮がちな日があるのです。
>
> 　わかりました！そのわけが。おそ子さんの登園する時間はもうほかのお子さん達が遊びに夢中になっているときが多いのです。おそ子さんが昨日の続きをしたくても，なかなかできないのです。
>
> 　そのことを知った朝のおそ子さんのお母さんは，翌日から………頑張りました。

④ 意味のある情報・知りたい情報

[クラスたより　例2]

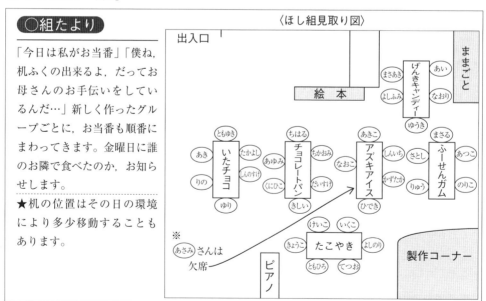

　読み手にとって，意味のある情報を伝えるようにしなければならない。読み手はその時々で知りたい内容が変わることがある。相手の気持ちや状態に敏感になる必要がある。

課題3 例２のクラスたよりの内容は，どんな意味があるだろうか。どこが保護者の知りたい情報だろうか。保護者の気持ちになって探してみよう。

⑤ 正確な情報，伝えても良い情報かどうか

　個人情報など公に伝えてはいけない情報は伝えてはならない。また，その情報が確かかどうかを見極め，正確な情報を伝えなければならない。ある園のクラスたよりで，男児達の会話として「○君のお母さんは７人兄弟だそうです。兄弟が多くていいですね」とクラスたよりに書いた。ところが，これは子どもの作り話で，翌日のクラスたよりで訂正しなければならなかった。個人情報，正確な情報，の点から猛省しなければならない事例である。

⑥ にじみ出る保育者の価値観

　発信には発信者の価値観がにじみでる。どの場面のどのエピソードを取り上げるか，それをどのように表現するかによってその伝わり方は違うだろう。

　次にあげたのは，クラスたよりのエピソードである。直接的な表現ではないけれど，子どもの気持ちを大切にしたいという保育者の気持ちが出ている。

うれしいほめことば

　先日のことです。日ごろあまり絵を描くことに自信のもてない○君が廊下にはられている自分が描いた鬼の絵に見入っていました。「昨日お母さんも見てくれた？」と聞くと，うれしそうに「うん」と答えます。「そう。お母さん何て言ってくれた？」と再び聞くと，もっとうれしそうに「『すごーく，こわいね』だって」と答え保育室に入っていきました。「こわい鬼をかきたい」と思って描いた絵を「すごーく，こわい」とほめられたら，これ以上うれしいほめ言葉はありませんね。○君のおかあさんのように，子どもがどんなことを思って描いたのか，その気持ちにそった言葉をかけてあげることが，とても大切だなあと強く感じました。

---

3. 様々な方法と留意点

① 保育室内の掲示

(1) 多すぎる掲示物，刺激的な掲示物

　玄関先から始まって園舎内のほとんどの壁が掲示物で埋まっている状態の園がある。「多い」という感覚が薄れ，掲示は次第に量を増していく。本当に伝えたいことは何なのか，ポイントを絞っていかなければ読み手に伝わらないだろう。掲示する側の自己満足に終わる可能性が高い。何よりも，そのような多くの掲示物に囲まれる中で生活させられる子どもの感覚が心配である。もっとシンプルに，美しく，掲示できないものか。

課題4 どうしても壁に貼る必要がある掲示物にはどんなものがあるのだろうか。実習園の様子などを思い出して，グループで出し合ってみよう。壁に貼らないで伝えられるものには

どんな内容と方法があるだろうか。

(2)　作品を展示する，絵を展示する

　子どもが描いたり作ったりした作品の扱い方には，保育者の子どもや保育に対する考え方が表れる。全員の作品を並べる必要があるのか，それぞれに子どもの名前を付ける必要があるのか，今一度考えてみる必要があるだろう。小学校の教室展示や，展覧会の様子をいつの間にか「生活する場」である保育室に持ち込んではいないだろうか。また，子どもは案外誰の作品かお互いに知っていることが多い。ある園で，思い切って名前を付けずに飾った。見学に来た保護者がわが子の作品を探していると近くにいた子が「○ちゃんのはこれだよ」と教えていた。毎回描いた絵を全員分並べることの意味に疑問をもち，小学校の教室とは異なる「生活の場」としての保育室らしさを実現しようと試みた園がある。その園では家庭のように数名分の作品がさりげなくあちこちに飾られている。また，ある園では日替わりの作品展示をし，子どもだけでなく保護者も毎日楽しみにして作品を味わっていた。もちろん，全員分の作品が一緒に飾られることで「みんなの中の自分」を感じ取る良さもあり，作品の展示方法にも発達の時期やねらいに応じる創意工夫が求められる。保護者に見せるなら描画材料や製作材料・用具も一緒に展示し，描いたり作ったりしたきっかけや保育者の意図などが示してあると，保育に対する考え方が伝わるだろう。

②　子どもに向けた発信

(1)　誕生カード

　誕生カードは園によって市販のものを使う場合，また年間を通して共通の形を手作りして用意することもある。プレゼントを用意する園もある。

課題5　仲良しの友達に向けて誕生カードを作り，コメントを書いてみよう。A-5判の紙1枚を使ってデザイン・内容を考えてみよう。

課題6　自分が幼い時にもらった誕生カードがあれば，持ってきて見せ合ってみよう。どんな内容が書かれているのか，どんな思いが込められているのか考えてみよう（大きさ，形，素材，写真・手形・身長や体重の記録の有無，先生からのコメントなど）。

(2)　保育の記録を子どもにも

　保育の記録は，保育者や保護者のためにだけあるわけではない。子どもが保育記録を目にすることで，子ども自身が自らの成長を実感することにつながる。例えば，運動会が終わり，まだ気持ちに余韻が残っているある日，一番盛り上がった全員リレーのビデオを年長組全員で見たことがある。ビデオは家庭からお借りしたものであるが，一人ひとり全員分のがんばって走る姿が記録されていた。見ている子ども達は，もう一度全員リレーを楽しみ「○ちゃんはこうやって走っていたね」など身振りを交えて一喜一憂しながら興奮気味に楽しんだ。自分達がやり遂げた満足感をもう一度味わい直し，自分達の成長を感じ取っていた。また，保育の写真などは保護者向けに掲示されることがほとんどであるが，時

には絵本のように仕立て，子どもの身近に置き，子どもがいつでも気軽に眺められるようにすると良い。子どもは喜んで見ながら，幼いときのことを思い出したり，できなかったことができるようになった自分を思って自信を感じたりする。

③ 保護者に向けた発信

子どもの言ったこと行ったことなどを具体的に伝えながら，子どもが体験することの大切さや成長していくうえでの意味を伝えなければならない。それを通して保育者自身の保育に対する考え方を伝えることが大切である。

(1) 日々の保育の姿を全体に伝える

具体的には小型テレビ，ホワイトボード，その日の保育の写真などでその日の保育の様子を知らせる方法がある。できるだけ時間をおかずに知らせることで，帰りがけの親子の会話のきっかけになったり，クラスの中で中心的に行われているできごとの雰囲気を伝えることができる。全員の様子を全て伝えることはできないので，中心的に取り上げる場面，子どもについては慎重な配慮が必要である。

ホワイトボードに書かれた
メッセージ例

> ○月○日
> 　昨日は，みんなで畑に行ってジャガイモ掘りを楽しみました。今日は，そのジャガイモをふかして食べます。担任 ○○○○

(2) 個々の子どもの変化を伝える連絡帳・メモ

ポートフォリオとしての意味もある。成長を伝えるときに，共に喜びあう姿勢が重要である。保育者自身のうれしい気持ちが保護者に伝わり，子育ての楽しさを「共に」味わうことにもつながる。毎日交換される連絡帳は，育児日記としての価値もある。

課題7　自分が子どもの頃に通っていた幼稚園，保育所などで使っていた連絡帳が残っていたら持ってきて，お互いに見合ってみよう。そしてどんな感想を持ったか書いてみよう。

(3) 発表会などの行事で

運動会や劇の発表会などの行事ではとかく当日の出来栄えに注目を集めやすい。しかし，当日までのプロセスや，行事が終わった後での子どもの成長が重要である。保護者にそのことを伝えるためにいろいろな方法を工夫する必要があるだろう。例えば，劇作りをするごく初めの頃の様子や途中での姿をビデオで記録しておき発表会当日保護者に見てもらう方法などがある。ある園では，人形劇を楽しむ子ども達の姿の写真とともに，子どもが何度も作り直した人形を残しておき，工夫改善した点の説明とともに掲示することでプロセスの重要性を伝えた。

④ 地域に向けて

(1) イベントのお誘いや未就園児向け保育のお誘い

イベントに参加はしなくても，園の存在や保育内容を知ることができ，地域子育て支援

にもつながる。

課題 8　次のような内容，条件で，地域の人向けにポスターを作ってみよう。

　　　　（日時）6 月 20 日（金），13：00〜14：00

　　　　（場所）○○幼稚園　園庭，（内容）移動動物園の動物にふれる（料金）親子で 150 円

　　　　（申し込み・連絡先）…自由に考えて

課題 9　身近な園で，どのような未就園児向けプログラムを行っているのか，インターネットなどで調べてみよう。園によっては会員制をとる場合もある。在園児向けのお誘いと異なる点はどのようなことか，比べてみよう。

⑤　園内外の保育者や周辺領域の関係者に向けて

⑴　その日の保育を語る

　終礼（勤務時間終了の直前に全員が集まって行う）では，短時間でポイントを外さず，簡潔かつ明解に伝えなければならない。明日の保育を共に作っていくために欠かせない。

　園内での研究会などで「自評」といってその日の保育について担任自身が語ることがある。そのようなときには，飾らずに素直な気持ちで保育を振り返り，良かった点や足らなかった点を語るとよい。ただし，一日のできごとや子どもの行動についてだらだらと説明することは避け，保育や子どもの成長にとっての意味を捉えメリハリをつけて簡潔に伝えることが必要である。

⑵　研修会で実践事例を報告する

　園内の研修や保育研究会などで，保育実践や研究内容を発表したり，小学校の先生方に幼児教育の内容や考え方を伝える機会がある。抽象的な一般論ではなく，実践での子どもの具体的な姿を簡潔に示しながら伝える必要がある。他者に説明することによって自身の保育への理解も深まる。今後さらに活発に行われてほしいことである。最近では，福祉施設など同一法人内の職員組織として，介護職や栄養・調理職員などと一緒に研修を行い，互いの仕事内容への理解を深め研鑽を積んでいる職場もある。

⑶　パワーポイントの操作，マイクの使用，事前資料の作成

　複数の人に向かって話す時には，発表方法への工夫があるとよい。例えば，パソコンを使って写真や動画で視覚的に訴える，あるいは子どもの作品などを持参して示すなどがある。機器の操作には積極的にチャレンジしたいものである。話す速度や発声に気を配ることはもちろんだが，マイクの使用に関しても，保育者は使いこなす必要があるだろう。美しくて明確な声と言葉は聞き手に心地よい。

　配布資料（ハンドアウト）の用意も大切である。「保育指導案」はある意味で自分の保育を分かっていただくための「資料」である。自分だけのためではなく，読み手のために丁寧に書きたいものである。

演　習

　保育教材として市販されている VTR を視聴し，中に登場する一人の子どもに焦点をあて，読み手の気持ちを考えながら保護者に向けてその日の様子を書いてみよう。

[1] VTR

┌───┐
│ 【メモ】（VTR を見ながら要点をメモしておこう。）   │
│   │
│   │
│   │
│   │
│   │
│   │
│   │
└───┘

[2] その日のできごとと伝えたいことを整理してみよう。
　　① できごと・具体的な姿・行動・場面
　　② あなたが伝えたいと思ったこと，よいと感じたこと，子どもの成長を感じたこと
　　　　などに分けて，2〜4つ整理してみよう。

┌───┐
│   │
│   │
│───│
│   │
│   │
│───│
│   │
│   │
│───│
│   │
│   │
└───┘

[3] 次の空欄を連絡帳と思って，これまでの実習などで印象に残っているできごとを思い浮べ「○○○ちゃんのお母様へ（お父様へ）」から始まる文章を書いてみよう（どちらに向けても可）。

---

[4] グループの友達同士交換して読み合い，感想を話し合い，次の点について考えよう。

1	お母さん（お父さん）はこの連絡帳を読んでうれしかっただろうか。 どんな点がうれしいだろう。
2	その場にいなくても目に浮かぶように具体的な姿が書かれていただろうか。 具体的だと思われる部分は？ もっと具体的に書いた方がよい部分は？
3	お母さん（お父さん）は、わが子のことを保育者が温かく見ていてくれると感じただろうか。
4	5歳児らしい発達の姿を捉えて伝えているだろうか。 例えば、どんな点が5歳児らしい姿だろう。
5	書かれた事実に間違いはないか。解釈に間違いはないか。 （当然のことながら、誤字脱字、誤用はないか。字は読みやすいか）
6	その他

[5] 連絡帳を書くときに大切なこと，自分は何を注意して書くようにしたらよいかまとめておこう。

　📖 **演習で学ぶポイント**

① ビデオの中の子どもの姿から，保護者に伝えたい内容をつかみ，分かりやすく具体的に文章で表現することを学ぶ。
② グループでお互いに検討し合いながら，子どもの姿の捉え方の視点をひろげる。
③ 自分の表現の癖や，課題を知る。

事例1 幼稚園・保育所・認定こども園と小学校の連携 —子どもの共通理解—

📖 学習のねらい

　幼稚園や保育所，認定こども園の子ども達が小学校に入学する時，多くの小学校では，幼稚園や保育所，認定こども園での子どもの様子を聞き取り，クラス配置や担任の配属などに生かしたり，時には支援の方法を検討したりする。年長の担任や園では，子どもの特色をみとり，小学校に情報を伝えることで，子ども達が入学後スムーズに小学校生活が送れるように，心をくだく。

　この事例検討では子ども支援を視野に入れた教員間の共通理解と情報交換・連携に関して，子どもの何をどのように理解し合うか，について考察する。

① 幼稚園・保育所，認定子ども園と小学校の学び方の違いを理解する。
② 子どものどのような育ち（発達）を捉え，情報交換することが子どもの共通理解につながるのかを考える。

1．事例1-1

〈年長さん，来年は1年生！〉大丈夫かな

　えつこ先生は久しぶりに年長さんの担任をすることになった。30人の子ども達はそれぞれ好きな遊びを見つけ，毎日汗をかきかき外遊びに夢中である。まだ幼虫のだんご虫をみつけ「飼ってみたいな」と言ったり，遊具置場の裏でお家ごっこをして「会社に行ってきます」と三輪車で出掛けるなどして遊んでいる。それぞれの遊びの充実も大切にしながら，"年長さん"を意識して，外遊びの片づけが終わった後，ルールをとりいれた集団遊びをしてから，部屋に入るようにしている。

　今日の遊びはバナナ鬼である。あつしはどうも言葉だけではルールの理解が難しそうなので，全体に説明してから，あつしに個別で短い言葉で説明した。そういう時に，けいすけは待ち切れず「早くやろうよ」と大声で言っている。バナナ鬼を始めてみたら，鬼に捕まったのに，けいすけは「えー，捕まってないよ」と言う。そこで，えつこ先生が「そうかなあ。さっきさきちゃんにタッチされたように見えたけど」というとしぶしぶバナナになった。

　えつこ先生は先週行ってきた小学校の授業参観の様子を思い出した。卒園生達が座って前を向き，算数を学習している姿である。このクラスは，来年は小学生。あつしのように全体への指示だけでは理解が難しい様子だと学習についていけるかな，また，けいすけのように自分の気持ちが優先し，勝ち負けにこだわったり，素直にルールに従えないと決まりごとの多い小学校の集団生活は大丈夫かしら，と心配である。

課題1　えつこ先生はあつしとけいすけのどのような育ち（発達）を理解し，何を心配しているだろうか？

2．事例1-2

保育参観週間

　運動会の1週間後に，保育参観週間があった。小学校の先生方も父兄に交じって参観にきて下さり，校長先生は年長さん達と一緒にリレーをした。**あつし**が「校長先生，一緒に走ろ！」と誘ったそうだ。「一生懸命走って，頑張っていますし，他の子が走る時には，大きな声で応援していましたよ。ただ，並んでいる順番が分からなくなるようで，周りをみて気にしていました」と校長先生がおっしゃっていた。

　けいすけはリレーに入らず，年中担任の**ひろき先生**とサッカーをやっていた。先生と二人きりの時は楽しそうだが，年中さんが参加すると，「俺にボールをくれ。まわせ」と強く言ったり，「なんでそんなとこに蹴るんだよ」と怒り出し，ボールをどこかに蹴ってしまった。「けいすけ君，サッカー選手はね，試合中，冷静で，怒らないんだよ」「ボールをよく見て」と**ひろき先生**が言うと，その時はちょっと我慢するが，思いどおりにいかないことが続くと，プイといなくなる。**えつこ先生**が気づいて「あれ，サッカー選手がいないなあ。ワールドカップができないなあ」とつぶやくと，けろっとしてまたサッカーに参加した。そこに小学校の**きよし先生**が現れ「いやー君のボールは強いねえ。たいしたもんだ」とボールを受けてくれた。

課題2　小学校の先生との日常的な交流で，子ども理解を共通に進めるためにできそうなことは何だろうか。

3．事例1-3

伝える

　1月の末　来年小学生になる子どもについて情報交換会が開かれる。**えつこ先生**はこの10ヵ月クラス担任として見てきた子ども達の姿をどう小学校に伝えようか，と考えている。

　学力が心配だった**あつし**はクリスマス会の動物の役を立派にこなし，大きな声でせりふが言えた。繰り返しの活動の中では，定着することも多く，お当番など，日常的な事柄は自力で取り組める。ただ，字がすらすら読めるかな，数は大丈夫かな，など気になるところはまだある。縄跳びも練習はよくするが，自分でも「うまくなった」という実感はもてないようだ。

　けいすけは本番に強いが，何回も同じことを練習することは嫌がる。年末年始の行事の時は落ち着きがなく，ときどき小さいクラスにお手伝いに行っていた。最近，**しげき**と昆虫の話で盛り上がり，仲良く図鑑を見たり，折り紙で昆虫を折ったりする姿が見られる。知識は多く字も読める**けいすけ**と，実際に鈴虫を育てた**しげき**のコンビは庭のあちこちを探検して「冬だからさあー」など言い合っている。

課題3　あなたが**えつこ先生**だったら，**あつし**と**けいすけ**について，小学校に何をどのように伝えるだろうか。

4．学びの整理

① 事例 1-1 の学びの整理

　小学校の教育では，知識・技能の習得が目標とされることが多く，学び方も，教科書を使ってカリキュラムに沿い，教科教育という身につけさせるべき内容が学年ごとに決められており，言葉を媒介に授業が行われ，「思考力・判断力・表現力」の育成を目指している。一方，就学前の保育・教育では「生きる力の基礎となる資質・能力」を育てることが目指され，学び方は具体的な経験を通して，「遊びと生活」の中で環境に関わることにより，必要な経験を積み重ねていく。

　小学校と就学前の保育・教育では「目標とすることが異なること」「学び方が違う」ということを双方の教員や保育者が理解し合うことが大切である。

　この事例のあつしは「言葉を理解する力」，特に一斉活動で全体に説明されるだけでは内容を聞き取り行動に移すことが難しいと思われる子どもである。園では，個別の言葉かけや友達の行動で状況を読みながら行動できるが，座って言葉で考える学習となると困難が予想される。個別の配慮，例えば，「短く伝える，繰り返す，友達をモデルにして見本を見せる」など，園で工夫していることを具体的に伝えていくことが重要であろう。

　また，けいすけは集団の中での自己主張が目立ち，自分なりのルールやこだわりを見せている。知的な言葉の理解などには問題が少ないが，自己を調整することに課題をもつ子どもの場合，一方的な指導ではなく，気持ちも聞き取りつつ，してほしい行動を示すような言葉かけや関わりが必要である。しかし，小学校以降では一斉活動が基本となるため，一方的に強制や指導するという形になりやすい。園でうまくいった関わりや言い方をたくさん小学校に伝え，けいすけの特性を理解してもらう努力が求められる。

② 事例 1-2 の学びの整理

　幼・保・小（あるいは中）の連携ということで，様々な機会に「交流」が図られている。例えば，① 子ども同士の交流（お店屋さんごっこにご招待，遊びの会，給食交流，おいもほり，地域の探検・読み聞かせなど），② 職員間の交流（日常活動や行事への協力・研修会・連絡会など），③ 児童指導の連携（要保護家庭の兄弟姉妹支援など）等がある（第5章，p.47～参照）。

　この事例は，「保育参観週間」に小学校の先生方が園を訪れ，子ども達と一緒に遊びながら，子ども理解につなげようという事例である。園の保育者達が，どのような環境を作り，どう声をかけると，子どもがあまり困らずに活動に参加できるか，具体的にやってみせ，保育という活動を理解してもらう場としても捉えることができる。

　あつしは運動会の余韻が残る状況で，運動会の経験をもとに，繰り返しの遊びの中で，校長先生に声をかけ，誘う，という対人関係の柔軟さを発揮している。校長先生は，「楽しそうだ」というあつしの気持ちの育ちとともに，「順番が分からないようで」という外から見ただけでは分かりにくいあつしの「理解力」を捉えている。

　けいすけは自分のしたいことの中で，得意だと思っているサッカーの遊びを通して，ち

ょっと我慢できる自分に挑戦している。その気持ちを十分に認め，気づかせるという対応をしている保育者の動きと連動して，遊び相手になってくれた小学校のきよし先生は，**けいすけ**の顔見知りの人になった。

　このように会ったことがある，知っている，という顔見知りになることで，子ども達は，小学校の先生も安心できる人だという実感を持つことができる。日常生活の交流では，教師も言葉での説明ではなく，子どもの様子を見て，保育者の対応を学ぶことで，異なる視点から子どもを理解できる。

③　事例 1-3 の学びの整理

　園での様子を小学校に伝える場合，時に「心配なこと」「配慮してほしい」ということが目立って伝えられることが多い。順調に小学校の生活に適応してほしいという園の願いと，スムーズに学習に入らせたいという小学校の思いがあり，子どもの情報を共有し，困ったことが起きないように支援していこうという姿勢は大切ではある。しかし，目標や学び方が違う状況に"適応できるだろうか"と想像し，問題点や課題ばかりを拾って伝え合うのは，本末転倒であろう。

　まず，その子どもの興味や関心，意欲，気持ちなど捉え，得意なところ，自信をもっていることなど，育っているところを十分理解したうえで，具体的にうまくいった対応を伝え，さらに支援するとよりよく行動できるところを伝えていく，という園の態度が子どもの共通理解につながると考える。

　あつしは，日常生活の中での必要な態度は定着しており，繰り返して体験することで，自信が持てるという特徴がある。一生懸命取り組むという姿勢があることを共通理解し，できる役割をたくさん見つけることで，こつこつ勉強にも取り組めるよう支援されていくであろう。**けいすけ**は興味・関心があることをきっかけに，友達との関係がついてきている。知的に問題がないから「できるはず」とか，「やろうと思えばできるだろう」というような視点では叱られることが多くなってしまう。やろうとしても，今の気持ちが優先し，課題に取り組みにくい，という**けいすけ**の特徴をしっかり小学校に伝えることで，好きな友達や興味・関心のあることを支援の資源として活かしていく対応が期待される。

　その後…
　5月，小学校の運動会があった。えつこ**先生**は新しい年長さんを連れ，未就学児のかけっこに参加した。**あつし**は，赤組の応援席で，「ゆきちゃん，がんばれ」と近所の子を応援している。**けいすけ**はスタートの係のきよし先生のそばにいて，「よーいドン」の合図を待つ子ども達に「ピストルはこわくないよ」と言っている。えつこ**先生**は「もう小学生だなあ。当たり前だけど」とつぶやいた。

事例2　生き生きと遊ぶ子どもの生活

📖 学習のねらい

　子ども達の園における遊びや生活は，大人に助けられながら子どもが生活の主人公として展開する。そのような中，大人の関心は困ったことに向きがちであるが，いつも通り生き生きと遊ぶ子どもの生活にもしっかり目を向けたい。子ども達の遊びや生活環境をどのように整えるか，子どもの育ちを見極め適切に援助しているかなどの点に保育の質が表れる。

　ここでは，そのような穏やかな毎日の小さなできごとの事例を通して，下記のような点を修得することをねらいとする。

① 子どもの育ちの過程を見極める。

② 援助の多様さを獲得する。

③ 自分自身の持つ価値観を知る。

　次の3つの事例は，保育所1歳児クラスの6月から7月の様子である。子どもが生き生きと生活できるように，事例を読み課題を手がかりに，方法・技法編で学んだことを活かして学習しよう。

1.　事例2-1

> 　あきらが，園庭の隅に立てかけてある釣竿を見つけ，振り回しながら歩いている。ゆうきもあきらの様子を見て，釣竿を持ってくる。釣竿を振り回すので，釣り針が木にひっかかる。引っ張ると葉っぱがくっついてくる。「つれた」と言い2人で笑う。近くで振り回すので，2人のひもがからんでしまう。れいこも加わり，3人そろって釣竿を振り回す。人にも引っかかりそうで危ない。

課題1　この場面の後，自分が保育者であったら，どのように関わるだろうか。自分の考えを紹介し合おう。その時に，なぜそのような関わりを選択したのか，その理由も伝えよう。

課題2　幼児の色々な年齢で，同じように「振り回す」様子を思い出してみよう。そして，子どもの育ちの見通しを踏まえ，1〜2歳という時期の「棒を振り回す」ような探索行動にはどのような意味があるのか，保育所保育指針やこれまで学習した知識から考えよう。

課題3　危険なため，やめてほしいと思うことをしている時の関わり方のポイントを考え，やってはいけないことがよく分かっていない時期と分かっている時期に分け整理してみよう。

２．事例2-2

　　園庭の端に，プールに入れない子ども用に四角いたらいを用意し，どろんこ遊びができるようにする。**たつき，ゆうこ，けんじ**が入って座り込む。保育者がシャベルとコップを用意し渡す。しばらく水をすくって遊んでいたが，そのうち**たつき**も**ゆうこ**も**けんじ**もシャベルで水をすくい泥水を飲もうとする。そこで，保育者がじょうろとペットボトルを持って行くと，**たつき**がペットボトルの口にじょうろを乗せ，水をシャベルですくって入れ始める。3人共，黙々と水を入れる。**けんじ**は，じょうろなしでペットボトルに水を入れている。

　　3人は「いっぱい」と言いながら水を入れる。**たつき**は，ペットボトルにいっぱいになると全て流して，また入れる。**ゆうこ**は，いっぱいになっても，そのまま入れ続ける。**けんじ**は，自分の服や腕にもかけている。

　　(A)…**ゆうこ，たつき**は，じょうろを取りはずして，ペットボトルに水を入れ始める。**ゆうこ**と**けんじ**は，ペットボトルの口をシャベルやコップでトントンたたき，音をさせて，にこっと笑う。そして2人ともお互いの顔を見て，近くにいる大人を見る。保育者が「トントントン」と言うと笑ってまた叩く。

課題4　3人の子どもがシャベルで泥水を飲もうとした時，あなたがこの場にいる保育者であったらどのように感じ，関わるだろうか。

課題5　3人の子どもは，なぜシャベルで泥水を飲まなくなったのだろうか。その後の様子から考えてみよう。

課題6　(A)の場面の子ども達は，なにを楽しんでいるのだろうか。人間関係の育ちに注目し考えてみよう。

3．事例2-3

> 11時から昼食のカレーを保育室で食べ始める。11時20分位になった頃，月齢の高い子どものテーブルには保育者がいなかった。**たつきが持っているスプーンを振り回し始めたら，そのテーブルの子どもが皆振り回し始める。**
>
> それを見ていた，隣のテーブルの**こうたやけいこもまねをして振り回し始める。**しばらくして，**さとこも振り回す。**
>
> **こうたが両手を上げて声をあげる。れいこもまねをして同じことをする。**この後，保育者の促しにより，再び食べ始める。

課題 7 保育者としてこの場面にいたら，食事時のこのような子どもの遊びに対して，どのように感じるだろうか。また，あなたはこの様子を子どものどのような気持ちの表れと捉えるだろうか。

課題 8 このような場合の関わり方を10例考えてみよう。それぞれの関わり方の良い点，不適切な点を考えよう。

4．学びの整理

① 幼児期前期の発達的特徴と育ちの見通しにおける意味

　1～2歳の時期は，歩く，走るなどの運動機能や指先の機能が発達し，身の回りのことを自分でしようとする。またその能力は，生活のあらゆる場で発揮され，興味を持った周囲の環境に働きかけ，探索行動が盛んになる。ものを使って遊んだり，大人と遊ぶことを好む時期から，象徴機能の発達によりごっこ遊びを楽しむ，友達と一緒に同じ場所で同じことをしてうれしそうにするなどの様子も見られるようになる。

　環境に刺激され，自分のやりたいことやおもしろいと思うことを見つけ遊ぶことは，子どもが自分の思いを持ち，自分づくりを始めるこの時期にとって重要なことである。自己主張が強くなるこの時期は，友達との取り合いや噛みつきなどトラブルに目が向けられがちであるが，友達への関心が開かれることは，時に一緒に笑い合う親和関係も形成される時期であることを心にとめておきたい。

　主体としての自己が形成されるとともに，友達との関わりも増え，遊びや大人に止められるようないたずらを一緒に楽しみ，社会性の育ちへ繋がる萌芽的経験が見られる時期である。

② 援助を考えるポイント

　自分とものを中心に回っていた世界から友達にも気づき始めるが，危険や社会のルールは，まだ分からない。その場で止められても，またすぐに同じことをする。何度も繰り返し伝えるが，厳しく叱ることは，大人に拒否されているということがメッセージとして伝

わる場合もある。すると子どもは大人との関わりをさらに求めて，叱られるようなことをする，また叱られるという悪循環に陥りかねない。

　命に危険がないので，やってはいけないと厳しく伝えなくても，自分が今やるべきことや，先への楽しいことへの見通しを伝え，子どもの気持ちの向く状況に環境を整えることで，子ども自らが行動を変える。

　「いや！」と拒否することがあるが，まだ自分の思いを言葉で明確に表現できない時期である。その代わりに行動や表情，指さしで自分の気持ちを伝える。それが，事例2-2，2-3のように，大人が止めたくなるような行動（遊び始めること）だったりする。

　事例2-3では，食べ始めて20分経っているので，だいぶ食事が進み，すいていたお腹が落ち着いてきた頃に遊び始めている。そして，保育者に「食べている？」と声をかけられると，気づいて食べ始める様子から，お腹が少し落ち着いて，自分の注意が食事から外れ，遊び始めたのではないかと思われる。友達と一緒に食べる楽しさを感じているので，その気持ちは壊さずに，叱ったり，指示したりという方法でなく，子どもが気づき自ら行動できるようさりげなく促したい。大人の求める枠にはめるのではなく，子どもの持つ力を信じよう。

③ 大人の価値観

　大人の社会でやってはいけないことやマナーに反することなど，好ましくない行動を子どもがとったとき，あなたはどのように感じ関わろうと考えただろうか。

　子どもが生き生きと生活している様子を思い浮かべてみよう。動き回り，しゃべり，笑い，真剣な様子など様々な表情があるだろう。子どもの生命が生き生きと躍動する時，そこにあるのは，大人の静かで整然とした生活とは異なり，賑やかでごちゃごちゃした生活である。大人にとっての暮らしやすさは，子どもの生活を否定することになりかねない。

　保育者から「危険であること，やってはいけないことを分かってほしい，きちんとメリハリをつけて伝えたい」という言葉を聞くことがある。時には，きちんと伝えなくてはならないこともあるだろうが，子ども自身が気づき理解していくためには，大人から言葉を通して伝えられるだけでは難しいだろう。やってはいけないことをしない力だけではなく，好ましいことを選択していく力が子どもの中に育つためには，子どもから自然と表れる行動を受け止め，紆余曲折ありながら，大人のさりげない援助を得て何度も体験を重ねることが必要だろう。

　大人は言葉での関わりや大人社会の規範にとらわれすぎていないだろうか。子どもの遊び心に寄り添いながら，子どもが真に内面から育つためには，大人自身のもつ価値観が子どもとは異なることを認識し，子どもを信頼した支え手となりたい。

事例3　保育のねらいを踏まえた指導計画の作成

📖学習のねらい

　実習園での責任実習が「うまくいかなかった」という思いを持つ学生は少なくない。また逆に，自分では計画通りにできたつもりでも，その後の反省会でいろいろな指摘を受けた学生もいることだろう。ここでは，貴重な現場経験である各自の責任実習を題材に，活動の保育的な意味を理解した上で指導計画を立てるとはどういうことかについて，大学での学びと結び付けながら考えていきたい。修得したい具体的なねらいを以下にあげる。

① 日々の記録をもとに子どもを理解する態度を持つ。

② 子どもの発達を考慮して立案する。

③「幼稚園教育要領」「保育所保育指針」「幼保連携型認定こども園教育・保育要領」をもとに立案する。

④ 自他の実践を様々な視点から検討し合う。

1．事例3-1

　やまもとさんは，実習前に熱心に教材研究をした結果，責任実習では「ペットボトルを使ったマラカスづくり」をしようと決めて，準備を整えて実習に臨んだ。図書館で様々な保育関係の本を調べた中でも，この活動は造形にも音楽にもつながっていくという点で良いと思えたからである。廃材を活用した点も，環境教育になるのではないかと考えた。

　実習で担当になったクラスは4歳児だったが，以前も2月に4歳児のクラスを見学した経験があったため，安心して指導計画を立てた。だが，実際の保育では，子ども達が，マラカスの中に入れるストローをなかなか切れなかったり，ペットボトルに絵がうまく描けなかったり，ペットボトルの中に切ったストローをうまく入れられなかったりと，苦労の多い活動になってしまった。一応，全員が無事にマラカスを作ることはできたのだが，子どもの笑顔が見られなかったような気がしている。保育者からは「子どもに何を育てたかったのか，よく考えてみて」と，課題をいただいた。

　上にあげるのは，ある学生の実習での体験である。

　指導案に沿って**やまもとさん**が援助し，一応全員がマラカスを作ることはできたにもかかわらず，子ども達が夢中になって取り組む姿は見られなかったのはなぜだろうか。**やまもとさん**の指導力の有無以前に，そもそもこの指導計画のもとになったねらい（願い）は，このクラスの子ども達にふさわしいものだったのだろうか。

事例3　保育のねらいを踏まえた指導計画の作成

課題1　次のような視点から検討してみよう。
① 指導計画は，子どもの年齢に合ったものだったか（発達の理解）。
② 指導計画は，子どもの興味や実態に合ったものだったのか（子どもの生活と内面の理解）。
③ 活動を通して何を育てようとしたのか（「幼稚園教育要領」「保育所保育指針」「幼保連携型認定こども園教育・保育要領」の理解）。

2．学びの整理

1　発達の面から保育を振り返る

(1)　子どもの体の育ちを理解する

　やまもとさんの入ったクラスは4歳児のクラスだったが，やまもとさんは，2月にも4歳児のクラスを見学する機会があったため，その時の経験から今回の活動を考えていた。ところが，以前見学した4歳とは全く違った様子だったため，作る活動が思ったように進まなかった。なぜだろうか。ここに，乳幼児の教育の難しい点がある。小学校以上の子どもに比べると，この時期の子どもは，1年間の心や体の発達が著しい。つまり，同じ子であっても，年度のはじめの4月と終わりの3月では，全く違った様子であるということが起こりうる。昨年，やまもとさんが見学したのは，もう4歳児クラスは終わるという時期の2月であり，年齢的にはほとんどが5歳だったはずである。そして，6月に出会った4歳児クラスの子ども達は，2月には3歳児クラスにいた子ども達だったのだ。

　また，そのクラスの子どもの生まれ月はどのような分布だったのだろうか。早生まれの子が多いクラスなのか，遅生まれの子が多いクラスなのか。誕生月が全てではないが，誕生月は，そのクラスの子どもを理解するうえで1つの手がかりになることもある。そして，何よりも年齢が小さければ小さいほど，個人差が大きいということも忘れてはならない。手指の発達を考えると，ツルツル滑るストローを切って細い口から入れたり，ペットボトルの曲面に絵を描いたりすることがこのクラスにふさわしい活動だったのかについても検討する必要がある。

(2)　子どもの心の育ちを理解する

　4歳児クラスは，一般的に仲間関係が深まり，客観的に自分や相手を見る力が育つ時期でもある。3歳児クラスの頃は，人の目も気にせず作ったり描いたりしていた子が，4歳

児クラスになったら急に恥ずかしがったり，描くのに自信をなくしたりすることもよくあることである。そのような点についても配慮する必要があったのではないだろうか。

　このような面から総合的に考えて，この造形活動が，子どもにとって簡単にできるものだったのか，それとも難しいものだったのかを検討する必要がある。指導計画を立てる中で，今まで学んできた子どもの発達に関する知識を活かしていくことが必要である。

② 日々の記録をもとに，子どもを理解する

(1) 生活の流れを理解する

　それぞれの園には保育の計画（保育課程・教育課程・月案・週案・日案など）があり，それにのっとって保育が行われている。まずは，その園の子どもの生活の流れを理解したうえで計画を立てないと，その活動が日常生活の中に突然割り込むように入ってくることになる。**やまもと**さんの話では，この責任実習があった頃の子ども達は，プールが始まったばかりで，毎日水遊びを楽しみにしていたとのことだった。今日もプールで遊べると楽しみにしてきたら，今日はプールではなく室内での活動だと言われた時に，子ども達はどんな気持ちになったのだろう。子どもの自然な思いに沿うのであれば，水に関する活動を取り入れるということもできたのかもしれない。その点から考えると，この活動が，果たしてこの時の子ども達の気持ちに沿ったものだったのかという疑問も浮かんでくる。

(2) 興味を持てる内容だったかを検討する

　やまもとさんは，本で調べるなどして事前に十分に教材研究をしていたのに，子どもが楽しんで取り組めなかったのはなぜだろうか。そもそも**やまもと**さんの入ったクラスの子ども達は，日頃どのような遊びを楽しんでやっていたのだろうか。何に一番興味を持っていたのだろうか。また，このような活動に苦手意識を持っている子はいなかったのだろうか。「切る」「描く」などの活動に関する経験はどうだったのだろうか。事前の教材研究は，あくまでも活動のアイディアの素材であり，それを参考にして自分が対象とする子どもに合わせて変えていかなければいけなかった。そこに日々の子ども理解が生きてくるのである。

③ 「幼稚園教育要領」「保育所保育指針」「幼保連携型認定こども園教育・保育要領」を土台にして指導計画を作る

(1) 教育要領や保育指針のねらい（願い）をもとに内容を検討する

　やまもとさんは，指導計画を立てる際に，魅力的な「活動」をやることに気持ちが向いてしまい，それを通して何を育てたいかを考えることがおろそかになってしまったのである。あなたも活動先にありきになってしまった経験はないだろうか。

　保育では，「幼稚園教育要領」「保育所保育指針」「幼保連携型認定こども園教育・保育要領」をもとに，向上目標（方向目標）として一人ひとりに何を育てたいかというねらい（願い）を持ったうえで，そのための計画を考えていかなければならない。その意味では，身につけるべき技能などが到達目標としてはっきり示されている小学校以上の学習指導計画とは全く違うため，指導計画の立て方もおのずと違ってくる。日々の記録をもとに現在

の子どもの現れを捉え，方向的なねらいである「幼稚園教育要領」「保育所保育指針」「幼保連携型認定こども園教育・保育要領」をもとに指導計画を立てていく。同じ活動であっても，どこに「子どものここを育てたい」という願いを持つかによって，進め方が違ってくるはずである。

　例えば，やまもとさんの活動を「幼稚園教育要領」と照らし合わせながら考えてみると，この活動の中で「身近な物や遊具に興味をもって関わり，自分なりに比べたり，関連付けたりしながら考えたり，試したりして工夫して遊ぶ（環境の内容(8)）」「いろいろな素材に親しみ，工夫して遊ぶ（表現の内容(5)）」ことを大切にするのなら，ペットボトルだけでなくもっと様々な廃材を用意するなどして，多様な材料から自ら選べるような環境設定をすることも考えられる。「かいたり，つくったりすることを楽しみ，遊びに使ったり，飾ったりなどする。（表現の内容(7)）」ことを願うのであれば，作る物を子どもに簡単に作れ，自分の工夫も盛り込めるようなものにしたうえで，それを活かして遊ぶ活動が広がるように時間の配分を考えたり，環境を用意したりする必要がある。

　この責任実習の振り返りの演習を活かし，フィールドワークの中で，子ども達の実態をしっかり見たうえで，可能であれば部分的に実践をすることで，さらに実習での学びが深まることだろう。

４　保育記録を読み合い，指導計画を再検討することの意味

　ここで取り上げた3つの視点は，あくまでも保育計画を検討するうえでの基本となるものであり，他にも「季節感を取り入れていたか」「その園の持つ特色を活かすことができたか」「地域性（その地域ならではの自然環境，社会環境等）を活かすことができたか」など，さらに保育を豊かにするための視点もある。どのような点から保育を検討するとよいのかを皆で考えて出し合うこともよいだろう。

　このように互いの保育を検討し合うことにより，自分一人では見えなかった指導計画の穴が見えてきたり，新しい発想が生まれてきたりすることがある。同じ力の者同士だからこそ気づけることもあるだろう。記録をもとにした検討会は，実際に保育現場で行われることであり，自分の保育について説明する力，他の人の保育について意見を言う力は，共に保育者として必要な力であるといえる。ともすると，保育の疑問点を指摘することが，相手を批判することになってしまうように感じ，良い面ばかり述べてしまいがちだが，それでは言う方，言われる方のどちらにも保育の力はついてこない。また逆に，自分と違う感性を持った相手の良さを尊重せずに，「そのやり方は，良くないと思う。自分の経験ではこうだった」というような形で言われても，相手はどう改善していいのか分からない。

　そのためにも，今まで学んできた保育の基本原理を振り返り，「幼稚園教育要領」「保育所保育指針」「幼保連携型認定こども園教育・保育要領」に基づいて，根拠を持って保育を批評する態度を持ちたいものである。サポートする教員がいて，安心して言い合えるこの「保育・教職実践演習」の場は，その態度を育てる第一歩になるのではないだろうか。そして，ここで検討されたことをもとにして，もう一度自分の保育計画を立て直してみたい。

事例4 子どもの思いの理解と保育者の願い

📖 学習のねらい

　子どもの思いを理解し，その中で保育者の願いを保育のねらいとして設定し，保育を組み立てていく。そのためには，ある一場面から捉えられた子どもの思いについての理解を，それ以前や後に続く連続性の中でより深めることが重要であろう。

　また，そのようにして理解した子どもの思いをもとに，保育者は保育のねらいを設定するが，そのねらいによって，ある一場面における言葉かけなどの対応の仕方は異なってくる。ここでは，ある設定保育の場面について，子どもの思い，保育者のねらいを予想し，4～6人のグループで話し合ってみよう。

① 子どもの思いを理解する。
② 保育者のねらいを予想し，関わり方や環境構成との関係を考える。

1．事例4-1

〈4歳児クラス 6月〉場面A

　子ども達が片付けやトイレから戻ってきて，先生の前に座った。先生は，「さあ，今日は昨日みんながきれいに色をつけた…これはみかちゃんのかな？…お父さんにプレゼントする入れ物，もっと素敵に飾っていきますよ」と，昨日子ども達が途中まで製作したもの（ポスターカラーで色を付けたもの）をいくつか取り上げながら，紹介していく。「まこちゃんのは，携帯入れだったかな。きれいな青い色ね」「これはさっちゃんの。メガネを入れるのを作ったのね。すてきな緑色ね。おとうさんは，緑色が好きなのかな」紹介してもらった子ども達は，先生の問いかけに答えたりしながら，少し照れたような表情で見ている。

　だんだん子ども達の視線が先生に集中しはじめた。その様子をみて，先生は前の長机の上にいくつかの材料を用意した。どれも，牛乳やジュースの紙パックを切って作った入れ物に入っている。1つずつ丁寧に，説明していく。「これは，モールね。ふわふわで，いろんな色があります。これは似てるけれど…ふわふわしたんじゃなくて，針金ね。尖っているから気を付けてね。それから，リボン。キラキラしたものもあるのよ。星形，まる，四角とかね。もっと細かいきらきらもあるのよ。グリッターね。それから…」1つ，また1つ，とこれから飾っていく材料が説明されるたびに，子ども達の目が輝いていく。材料の一つひとつは，全員の分が用意されているわけではないが，それぞれがとても個性的だった。たとえば，リボン。これは，一本一本が長さも模様や色も違う。ケーキや雑貨を買ったときにつけてもらったもののようだ。モールも長さや色が一本ずつ異なっているし，ビーズやボタンも色，形，材質などバラバラで，何かのときに使ったものの余りもののようだった。

「さあ，それじゃあ，これをくっつけていきたいんだけれど，何でくっつけようか」この問いかけに，待ってましたとばかり，**りょうくん**は「のり！」，**まこちゃん**は「セロテープ」と大きな声で答えた。先生は「そうね。のりもいいし，セロテープのほうがいいときもあるね。ボンドもいいかもしれないね。それでは，みんなお道具箱から，のりとはさみをふたの中に入れて，もってきてください」子ども達が動いている間に，先生は手早く机を6つ出して，適当な間隔をあけて並べた。慣れた様子で子ども達は机の上にお道具箱のふたに入れたのりとはさみを置き，自分の椅子を持ってきて座った。

課題1　この場面は，製作活動の導入部分であるが，先生はどのようなねらいをもって子ども達の作品の紹介・材料の紹介を行っていたのだろうか。

課題2　子ども達はこの場面で，どのような思いをもっただろうか。

2．事例4-2

場面B

「今日はボンドを机に1つ渡しますから，4人ずつになってください」子ども達は「いち，にい」と数えて4人グループになっていく。「4人座れたところから，ボンドの入ったいれものを取りに来てくださいね，あと，机の上に敷く新聞紙も取りに来て」と次の説明をすると，子ども達はそれぞれグループごとに話しながら動き始めた。

ほとんどのグループが新聞紙を机の上に敷き，真ん中に4人で使うボンドの入った紙皿を置いて，今にも製作がスタートしそうになっていたとき，1つの机では5人の女の子達が何やら，困った顔で話し合っている。ときどき，先生のほうを見ながら。**みずきちゃん，ことねちゃん，あみちゃん，さちこちゃん，あやちゃん**の仲良しグループだ。

先生は気づかないふりをしながら，ほかの子ども達にボンドを渡したり，一人ずつ名前を呼び，作りかけの作品を渡していったりしている。

5人もそれぞれ名前を呼ばれて，作品を手にしたが，5人なので机にはボンドの紙皿や新聞紙はもらえない。作品とのり，はさみをいれた自分のお道具箱のふたを持って，机の前に座っている。

そうこうしていると，中には好きな飾りの材料を取りにきたり，実際にグリッターをくっつけてみたりして，先生とにこにこと話し合っている子どもも出てきた。自分の作品にいろいろと飾りをつけるための計画を練っているのか，リボンをあててみたり，ビーズをのせてみたりしている子どももいる。先生はちらちらと5人のほうを見ているが，何も言わない。

女の子5人は，泣きそうな顔になりながら，5人で座っている。

そのとき，**あやちゃん**が他の4人に「むこう，いってくるね」といって，別の窓のそばにいたグループ（3人グループ）のところに椅子を持っていった。そして，またもどってきて，自分のお道具箱のふたを持っていった。4人で，と言われていた3人グループは，違和感なくあやちゃんを受け入れ，一緒に準備を始めた。

ところが残った4人は，まだ困り顔でいる。先生は，知らないふりをして，4人になった2つの机にボンドの紙皿と新聞紙を渡していった。

　窓のそばのグループの4人は，さっそく材料を取りに行き，机に戻ると，それぞれ工作を始めた。

　そのとき，みずきちゃんが3人から離れて，あやちゃんのところへ行き，小さい声で「ありがとう」と言った。あやちゃんは，「いいよ」と答えた。みずきちゃんが戻ると，ことねちゃんが，あやちゃんのところに行き，「ごめんね」といった。あやちゃんは「いいよ」と小さい声で答えた。あみちゃんとさちこちゃんは，2人で一緒にあやちゃんのところに行き，「ごめんね」，「ありがとう」と言った。あみちゃんは，言った瞬間に涙がぽろぽろとこぼれた。あやちゃんは「いいよ」と申し訳なさそうに答えた。

　あやちゃんにお礼とお詫びを言いに行った4人は，やっと材料を見に行き，工作がスタートした。あやちゃんも，新しいグループのさきちゃんと話しながら，付けようとしていたリボンを手に，ボンドと格闘し始めた。先生はその様子を見守りながら，なにも言わなかった。

課題3　仲良し5人グループから抜けて，ひとり別のグループに移動したときのあやちゃんの思いを考えてみよう。

課題4　仲良しグループの残りの4人の思いを考えてみよう。

課題5　先生は，どうして「4人」とし，5人でもいいと言わなかったのだろうか。また，最後まで何も言わずに見守っていたが，どのような願いがあったのだろうか。

3．事例4-3

場面C

　りょうくんが，かずきくんに「赤のモール，ちょっとちょうだい」と話しかけている。かずきくんは，「ちょっとだったらいいよ」と答え，「これくらいでいい？」とりょうくんに尋ねながら，はさみで切る位置を決め，2センチくらいのモールをあげた。りょうくんは，「みどりいろのモールもちょうだい」と言った。かずきくんは，それ以外にも4色のモール，計6色も独り占めしているのだ。「ちょっとだよ」と，また2センチくらい分けてあげた。すると，なぎさちゃんがやってきて，「かずきくん，いっぱい持ち過ぎだよ。みんなで使わないとだめなんだよ」とやや大きな声で言った。かずきくんは，「分けてるよ」と，なぎさちゃんからの言葉が不服だった様子で，ふくれて言った。なぎさちゃんは，「いる分使ったら，先生の机の上に返しておくのよって，先生言ってたよ」と続けて注意していると，かずきくんは「全部の色使うんだよ」と6本のモールを隠した。先生は，またちらちらと見ながら，仲裁に入っていこうとはしない。りょうくんが，「いる分，先に切ったらいいんじゃない？」と提案すると，かずきくんは「そっか」と自分で必要な長さを切り，残りを返しに行った。先生は，そんなかずきくんに，「いろんな色のモールがついて，きれいな入れ物になりそうだね」と声をかけた。

　みんなの工作はどんどん進んでいく。先生は一人ひとりの作品について，工夫したところを尋ねたり，すてきなところを認めたりしながら，まわっていった。

　完成した作品はロッカーの上で大事に乾燥させて，ラッカーで仕上げをし，父の日にプレゼントした。そのときに一緒に渡したおたよりには，子ども達の思いの詰まった作品であること，いろんな思いや考えを巡らし，工夫した過程があり，その過程で様々な成長の姿がみられたことを記していた。

課題6　モールの独り占めをしていることを友だちに注意された**かずきくん**の思いを考えてみよう。

課題7　先生はなぜ仲裁に入らなかったのだろうか。先生の願いを考えてみよう。

課題8　先生が作品と一緒に，おたよりを渡したねらいは何だろうか。

4．学びの整理

　父の日のためのプレゼントを製作するという主活動に対して，子ども達の興味・関心が高まり，発想が豊かに展開するような導入を工夫したり，一人ひとりの発想を認めていく関わり方をしたりと，先生は子ども達の製作活動にねらいをもって取り組んでいた。導入では前日からの連続性を考え，何人かの作品を紹介するなどし，またこの日の活動への期待と見通しを与えるために，材料の紹介も丁寧に行っていた。先生は子ども達の表情をよく見て，だんだんと高まってくる製作意欲を感じ取り，良いタイミングで製作をスタートさせている。

　製作以外の部分では，子ども達の人間関係の深化をねらいとしていたようである。例えば，場面Bの女の子グループの葛藤場面。先生は「4人」のグループにした。5人でも製作できないことはない。あえて「4人」にしたのには意図があるだろう。例えば，この5人が普段から固まりすぎており，他の子ども達とも関わってほしいと感じたのかもしれない。場面Cでモールの独占をしていた**かずきくん**の場面では，**なぎさちゃん**が4歳児らしい正義感で**かずきくん**に注意し，他の友達の関わりもあり，少し意地を張っていた**かずきくん**も気持ちの切り換えをうまくすることができていた。これらの場面で先生は見守っていた。子ども達自身に解決してほしいという願いからであろう。

　保育者は，子ども達の思いを理解し，そこから「こんな子ども達になってほしい」という願いをもち，それをねらいという形で明確化させ，指導計画を立てる。実際の保育実践では，様々なねらいを同時に配慮しながら，関わっていくのである。そのためには，まず子ども達の思いを捉えていく努力，そして子ども達の思いの理解を連続性の中で深めていく努力が必要である。

事例5 子ども同士のトラブルに保育者はどのように関わるか

📖学習のねらい

　皆さんは，これまで実習を通して子ども同士のけんかやいざこざといったトラブルに多く関わってきたのではないだろうか。ここでは，子どもの成長・発達にとってトラブルを経験することがどのような意味を持つか，保育者が子ども同士のトラブルにどのように関わればよいかを考えたい。

　その際，方法・技法編で学んだグループにおける学び合い（第6章），事例研究（第7章），ロールプレイング・心理劇（第8章）などの方法を用いて事例を検討してほしい。

①子どもの成長・発達にとってのトラブルの意味を考える。
②子どもの思いや気持ちを理解する。
③子ども同士のトラブルに保育者がどのように関わればよいかを考える。

1．事例5-1

〈幼稚園3歳児（年少）クラス 11月〉女児4人の事例

　お弁当の後の自由遊びの時間，みどりが病院ごっこのセットを持ってきて，「病院ごっこしてもいい？」とあきこ先生に聞きに来る。病院ごっこができるようにあきこ先生が椅子を向かい合わせに並べると，みどりは聴診器をもって待っている。そこにちほとみさきが「私もやりたい」と入ってくる。誰がお医者さんの役をやるかを話し合い，まず初めに病院セットを持ってきたみどりがお医者さんの役をすることになり，病院ごっこが始まった。

　そこへ後からきたさつきが，3人に向かって「さつきちゃんもお医者さんになりたい！」と大騒ぎしだす。まわりの3人は困ってしまう。さつき1人が怒っているので，あきこ先生が「さつきちゃんは後から入ってきたから，後で代わってくれるか聞いてみたら？」と言うと，さつきは3人に聞きに行く。ちほが「今はみどりちゃんがお医者さんだから順番ね」と優しく言ってくれたのでさつきも納得する。お医者さん役のみどりと患者さん役のみさきが向かい合って座り，もう一度病院ごっこが始まった。他の子ども達は周りの椅子に座り，様子を見ていた。

　みどりが「今日はどうしましたか？」と聞くとみさきが「お熱が出てしまいました」と答える。みどりはみさきのお腹に聴診器を当て，心音を聞くまねをする。しばらくすると，「まず注射をしましょうね」とみさきの袖をまくり，注射を打つ。その後，薬を渡してもらい2人の病院ごっこがひとまず終了した。

　みどりは満足したようで病院ごっこをやめ，楽器遊びに行ってしまった。すると，みさきがお医者さんの役をやりはじめてしまう。2人が困っていたので，あきこ先生は，みさきに「ちょっと待って，さつきちゃんもちほちゃんも次にお医者さんやりたくて待ってたよ」と言う。みさきは「私，1番がいいの」と言って意見を聞こうとはしない。

　　さつきとちほは，不満げな様子でじっとみさきを見ていたので，あきこ先生は「みんな1番がいいみたいなの。どうしたらいいかな」と子ども達の動きを待つが，みさきは1番がいいと言い続ける。しばらく様子を見ていると，みさきは嫌になってしまったようで，「ここもうやめた！」と楽器遊びの方へ行ってしまう。残された2人も周りの人がいなくなったので，楽器遊びに行ってしまい，病院ごっこはそこで終わった。

課題 1　このエピソードにタイトルをつけるとしたら？

課題 2　それぞれの子ども達は，このやり取りの中でどのような思いや気持ちを抱いていたか考えてみよう。

課題 3　自分が保育者であったら，どのように関わるだろうか。また，なぜそのような関わりを行ったのか，その理由も考えてみよう。その際，ロールプレイング・心理劇の方法（第8章，p.69〜参照）を用いて演習してみよう。

課題 4　1日後，1週間後，1か月後など，この子ども達と保育者の関わりがどのように変化するか，未来を想像して考えてみよう。

2．学びの整理

① 子どもの成長・発達にとってのトラブルの意味

　ここでは，3歳児（年少）クラスの子ども同士のトラブルの事例を紹介した。この時期は子どもの遊びの個人差が大きい時期といえる。遊びの内容に発展性が見られ，友達とイメージを共有してごっこ遊びができるようになると同時に，自分のしたいこと，やりたいことがはっきりしてきて，自己の主張をぶつけ合う機会が多くなりがちである。事例で示した11月は，4歳の誕生日を迎えた子どもも多く，子ども達それぞれに予想や意図や期待をもって行動していることがうかがえる。では，子ども達がトラブルを経験することの意味をどのように考えればよいだろうか。次の4つの側面から考えていきたい。

(1) 自分の思いや気持ちを主張する

　事例のさつきやみさきは，お医者さん役をやりたいという自己の思いをストレートに主張している。ただ，この主張は受け入れられず，さつきもみさきも悲しい思いや怒りといった否定的な感情を抱いたと考えられる。トラブル場面では，子どもは自分にとって不本意な体験をする場合も多い。しかし，子ども達がこのような体験をしないまま育ってよいものだろうか。トラブルのような一見マイナスな状況を避けたり，大人が禁止したりすることが，子どものためになるかどうかをよく考える必要がある。むしろ大切なのは，子どもが保育者と共にトラブルをどう乗り越えるかではないだろうか。事例でもさつきは，ちほの優しい言葉によって自分で気持ちを収めている。そのきっかけをつくったのは保育者

であり，このような保育者の役割は重要となる。すなわち，保育者が自己の主張をぶつけ合うトラブル場面で子どもの気持ちを受け止め，共感しながら関わっていくことで，子ども達は自分をコントロールして課題に対処できるようになるのである。

(2) 他者の思いや気持ちに触れる

事例のみさきは，"1番がいい"という自分の思いにこだわり，周りを困らせてしまっている。子ども達は，幼稚園の3歳児クラスで初めて長時間の集団生活を経験する場合も多い。もしかしたらみさきは，家庭では何でも1番にしているかもしれないが，集団生活の場ではそうはいかない。困っている相手の表情やしぐさ，言葉に触れることで，自分とは違う他者の思いや気持ちに気づくようになる。トラブルを通して，まさに他者には異なる思いや気持ちがあることを実体験していくと考えられる。そんなとき保育者は，「もうあの子のことは嫌い！」「遊ばない！」と否定的な感情のみが子ども達に残ることを避けなければならない。トラブルになる子ども達には，その根底に相手に対する関心があると捉え，子ども達の思いをつないでいくことが求められる。すなわちトラブルが共生の体験となるように心を砕くことが求められる。

(3) 解決法を学ぶ

事例では，さつきが「お医者さんになりたい」と大騒ぎしだしたとき，あきこ先生の「後で代わってくれるか聞いてみたら」という言葉かけによって，さつきは友達に聞きに行っている。そして，ちほが「今はみどりちゃんがお医者さんだから順番ね」と教えてくれたことで，さつきは何とか自分を納得させている。このように，3歳児クラスの子どもでも保育者に支えられながら解決のプロセスを体験することで，自分達でトラブルを回避，解消，解決ができるようになっていく。また，病院ごっこが行われている中では，みどりが聴診器を当て心音を聞いたり，注射を打つなど，しっかりとした遊びのイメージをもってやり取りをリードしている様子が見られている。子ども達が他児の言葉やしぐさを取り入れながら集団のルールを学び，自分達の世界を広げていく体験といえよう。たとえ3歳児クラスであっても保育者は，子ども自らが子ども同士の関係の中で育つ力を信じ，見守りながら関わっていくことが大切であると，この事例のやり取りは示している。

一方で，みさきは，あきこ先生の言葉かけに応じず，「ここもうやめた」とその場を離れてしまっている。個人差が大きい3歳児（年少）クラスでは，子ども同士でトラブルを解決することがまだまだ難しい場面も多い。子どもの状態や解決の条件も多様であり，トラブルの解決法も多くのバリエーションを考えなければならない。

(4) 価値や規範を学ぶ

もちろん今回取り上げたようなトラブルだけが価値や規範を学ぶ機会となるわけではない。しかしトラブルを通して主張をぶつけ合い，お互いに分かり合う体験を一つひとつ積み重ねることで，子ども達は，他者の心や体を傷つけてはいけないこと，譲ることや許すことなど，人と一緒に生活していくための規範（善悪・価値・文化）を学んでいくと考え

られる。

　近年，子どもの社会性の低下，とりわけ人間関係をとり結ぶのに必要な社会的技能の未発達さが論じられている。この背景には，少子化や都市化といった子どもを取り巻く社会・生活環境の変化による遊びの質の変化や異年齢児との交流の減少などが関係していると考えられている。このような時代だからこそ，幼稚園・保育所などの集団生活の場で，トラブルのような様々な経験をすることが，子どもの人間関係力の育成につながると考えられる。

2　子ども同士のトラブルに対する保育者の関わり

　この事例では，**あきこ先生**の**さつき**と**みさき**への言葉かけに違いがあることに気づいただろうか。お医者さんをやりたいという主張に対して，**さつき**には，「後で代わってくれるか聞いてみたら？」と言い，**みさき**には，解決法をすぐに教えるのではなく見守っている。なぜだろうか。この背景には，子ども一人ひとりの育ちに応じて関わろうとしている保育者の思いが存在している。読者の皆さんにもきっと，実習などを通して保育者の子どもへの思いや子どもの育ちを見通した関わりに触れたことがあるだろう。これまでの保育者との出会いを思い浮かべながら，この事例に込められている保育者の思いを考えてほしい。

　さて，この事例のようなトラブルが生じた場合，自分が保育者ならどのように関わるかという問いに対してまず思い浮かぶのは，「保育者が，最初にお医者さん，患者さんを誰がどのような順番でやるのかをしっかり決めておく」という関わり方ではないだろうか。筆者の授業でも学生に聞くと，このように関わるという答えが多かった。

　そこで，学生とロールプレイング・心理劇の方法を用いて（第8章，p.69〜参照），保育者や子どもの役を演じ，保育者が順番といったルールを先に伝えておく関わりを行ってみた。結果は，思ったようにはスムーズに進まなかった。また，お医者さんの役割を増やす，看護師といった新しい役割をつくるなどの意見が出され，実際に演じてみたが，保育者がルールや役割を一方的に決めるだけでは，やはり表面的な解決しかもたらさないようであった。一方で，まず保育者が解決策を示すのではなく，子ども達がどのような気持ちなのかを考え，関わった場合には，少しではあるが，子ども達（その役割を担った者）の関係に変化のきざしが生まれることが感じられた。皆さんも実際にロールプレイング・心理劇の方法を用いて演じながら考えてほしい。

　最後にこの事例は解決をしないまま終わっている。ただし，このことは決して失敗を意味するのではない。なぜ，子ども達はそのように行動をしたのか，その時の自分（保育者）の関わりはどうだったかと思いを巡らし，明日の保育につなげることが今日の保育に意味を持たせる。たとえ，今日の保育で解決しなくても，1日後，1週間後と近い未来，さらには，長期の見通しをもって子どもの成長を支え続けることが大切である。このように保育者には，一人ひとりの気持ちに応え，子どもの育つ力を信じ，子どもの育ちを信じ，子どもと共に育つ（「育つ・育てる・育ち合う」）関係をつくることに常に心を砕く必要がある。

事例6 特別な配慮を必要とする子どもに対する援助と連携

📖学習のねらい

幼稚園，保育所などで出会う子どもの中には，いわゆる障がいのある子どもや，障がいの診断を医師から受けていなくても，集団の中で保育を進めるうえで，保育者が気になる子どもや，特別な配慮を必要としている子どもなどがいる。しかし，周囲から異質な存在として見られがちなこれらの子ども達も，大切な園の子どもである。その主体性を尊重し，発達を保障する点において，他の子ども達と何ら変わりがない。

このように特別な配慮を必要とする子どもの事例を通じて，保育者の子ども理解や，保育者としての役割や職務の多様さについてより深く学ぶために，以下の3点をねらいとする。

① 理解し難い子どもの行為をどのように受け止めたらよいかについて考える。

② 特別な配慮を必要とする子どもへの関わりや援助のあり方について保育者同士がどのように連携・協力していったらよいか考える。

③ 特別な配慮を必要とする子どもについて，園が専門機関と連携・協力する必要性について理解する。

1. 事例6-1

〈幼稚園への入園〉幼稚園4歳児クラスへの編入

ゆりちゃんは，幼稚園の3年保育4歳児クラスへ編入してきた子どもであった。入園前には，保護者からゆりちゃんの成育歴や現在の育ちについて相談があり，自閉的傾向があるため，幼稚園の他に2歳頃から通っている別の通園施設があるということだった。入園面接では，園長の呼びかけに一言も発することなく，職員室の一角に設けられた病児用ベッドコーナーにあったおもちゃを見つけ，無表情に黙々と遊んでいた。ゆりちゃんの様子を知った幼稚園は，教育委員会に申請した結果，担任の保育者以外にゆりちゃんのために保育者が一人，加配の保育者として配置されることになった。

課題1 実習先で出会ったゆりちゃんのような子どもについて，その子どもの様子や保育者の関わり方について，互いに報告し合ってみよう。また，実習生として関わった経験がある場合には，その時のことについても振り返ってみよう。

2．事例6-2

〈入園から1学期頃の様子〉加配の保育者との関係

　加配の保育者である**なみき先生**は，周りの友達に関心を示さず，園内をめまぐるしく動き回る**ゆりちゃん**について歩いていた。**ゆりちゃん**は，誰もいない遊戯室やみんなが遊んだ後の砂場などで過ごすことを好んだ。**なみき先生**は，地道に一生懸命に**ゆりちゃん**との関係を作り上げていった。二人っきりで職員室の病児用ベッドコーナーにこもるような濃密な時間をしばらく過ごしていくうちに，**なみき先生**は，**ゆりちゃん**にとって安心して園生活を送る上で大切な存在となっていった。朝の身支度から食事や排泄など，全ての活動を**なみき先生**に手伝ってもらいながら，体調により休みがちではあったが，通園施設に通う水曜日以外の月・火・木・金の週4日を幼稚園で過ごした。

　担任の**さとう先生**は，保育前・保育後を中心に**なみき先生**から**ゆりちゃん**の様子を聞き，また，登園や降園の際に保護者との会話を極力心がけながら，**ゆりちゃん**が少しずつでもクラスの中で安心して過ごせるようにいろいろと工夫し，気を配っていた。

課題2　保育者同士の意思の疎通や，協力体制として，どのような方法があるだろうか。

課題3　園と保護者とのコミュニケーションについて，どのような方法があり，どんな点に気をつけたらよいだろうか。

3．事例6-3

〈2学期に入ってからの様子〉他児とのトラブルが増える

　2学期になると，**ゆりちゃん**なりに園生活に慣れ，次第に自分のクラスで過ごす時間が増えてきていた。**なみき先生**は，**さとう先生**が直接**ゆりちゃん**と関われるチャンスや場面を捉えては，担任の**さとう先生**につなぐようにした。必要に応じて，**ゆりちゃん**との関わりを控えることもした。

　そんな中，何かにつけ**ゆりちゃん**と他児とのトラブルの場面が増えてきた。例えば，製作活動中の他児が座っていた椅子に**ゆりちゃん**が近づいていき，その子が材料を取りに行っている間に何も言わずにすっと腰かけたり，楽器遊びの際，何種類かの楽器を並べ，やりたい楽器を交替で順番に鳴らしていたとき，ふらふらと**ゆりちゃん**が近づき，好きなように鳴らし始めたり，といった場面であった。相手の子どもが何か言ってどかそうとしたり，止めさせようとしたりすると，**ゆりちゃん**は，何も言わず相手の顔をつかんで引っ張り，**なみき先生**が急いで間に入って止めさせることがしばしば起きた。**なみき先生**は，**ゆりちゃん**の手をもって「○○ちゃんが痛いから離します」とゆっくりと言いながら，止めさせていた。

課題4　**ゆりちゃん**と他児とのトラブルに対して，すぐに間に入って**ゆりちゃん**が相手の子どもの顔を引っ張るのを止めさせている**なみき先生**の関わり方について，話し合ってみよう。

4. 事例6-4

〈クラス活動への参加①〉保育室から出て行こうとする

　そんな2学期のある日のクラスの集まりのとき，次のような場面があった。

　さとう先生が，片付けを知らせると，片付けの終わった子ども達はそれぞれ自分の椅子を持って来て丸い隊形になって座りはじめた。**ゆりちゃん**は，片付けの雰囲気は理解している様子だったが，周りに子ども達が集まり始めると反対に廊下に出ていこうとして，**なみき先生**に止められていた。**なみき先生**は，**ゆりちゃん**の分の椅子を輪の中に用意し，なぜ今集まるのか，その理由を伝えようと一生懸命説明していたが，保育室を出て行こうとする**ゆりちゃん**と保育室の出入り口のところで引っ張りっこのようになっていた。

課題5　いやがる**ゆりちゃん**を引き戻そうとしている**なみき先生**の関わり方について，なぜ，**なみき先生**はそのように関わったのだろうか。

5. 事例6-5

〈クラス活動への参加②〉ピアノの音色に誘われて

　クラスの子ども達がほとんど集まり，タイミングを見て**さとう先生**がピアノを弾き出して子ども達の歌が始まると，**ゆりちゃん**は，突然自分から戻ってきて椅子に座った。子ども達の元気な歌声が響く中，**ゆりちゃん**は，何やら大きな声で**なみき先生**に話しかけている。それは，今みんなで歌っている歌の歌詞であった。ピアノの近くにあるボードに**さとう先生**が歌詞を書いた紙が貼られていて，**ゆりちゃん**はそれを**なみき先生**に確認するように大きな声を出して読んでいたのだった。

課題6　それまで保育室に入ることを嫌がっていた**ゆりちゃん**は，なぜ突然自分から保育室へ入ってきたのだろうか。

6. 事例6-6

〈クラス活動への参加③〉他児から上がった声

　そのうちに，歌を歌っていた近くの子ども達が，「**ゆりちゃん**，言わないで！」と口々に声を上げ始め，中には**ゆりちゃん**の口をふさごうとする子どももいた。**なみき先生**も困った様子で**さとう先生**の方を見ながら，**ゆりちゃん**の耳元で何事かを一生懸命繰り返し伝えていた。

課題7　**ゆりちゃん**に「言わないで」と声を上げた周囲の子ども達の気持ちについて考えてみよう。また，クラス活動への参加①〜③を通してみて，クラスの他の子ども達と**ゆりちゃん**との関係をどう育てていったらよいだろうか。

7．学びの整理

① 理解し難い子どもの行為をどのように受け止めたらよいかについて

　まず，言えることは，保育において難しいことは，こういう子どもにはこうすればよい，こういう場面ではこんな対処がよいという決まった手順や方法が通用しにくいということである。ゆりちゃんの事例でも，他児がいない空間を求めたり，特定のおもちゃで長時間遊んだり，相手の様子に構わず行動したり，文字を読むことはするのに相手とのコミュニケーションには言葉を使わなかったりなど，その行為の意味を考えるのは，なかなか困難である。

　ただ，1つはっきりと言えることは，理解し難い子どもの行為に出会ったときに，その子どもがどんな気持ちで何を表現したいと思っているのか，その子がその行為を通じて表したいと願っている思いはどんな思いなのかということを当の子どもの側に立って，一生懸命感じ取り，考えられるのは，そばにいる保育者にしかできないということである。ゆりちゃんの「なぜ」と思われる行為について，その行為を通じて表そうとしている思いはどんな思いなのか，そこを丁寧に見つめる姿勢をもたずに，表面的に表れた行為だけを止めさせようとしても，ゆりちゃんの気持ちに近づくことはできない。「自閉的傾向」という情報から他者の気持ちを感じにくいのだろうという一般的な理解に留まらず，ゆりちゃんをゆりちゃんとして見る眼が保育者には求められているのである。

② 担任保育者と加配の保育者との連携・協力について

　クラス活動への参加①〜③の場面では，さとう先生はクラス全体の活動を進めることに向かっていて，ゆりちゃんについては，なみき先生に任せている様子である。実は，登園前の朝の打ち合わせの際に，この日のクラス活動についてさとう先生となみき先生との間で確認がなされていた。ゆりちゃんの日頃の様子から，クラスの集まりには参加したがらず，お気に入りの場所である職員室へ出て行ってしまうかもしれないという予想があった。無理に引き留めるのではなく，まずは，ゆりちゃんの思いを受け入れるような関わりを行ってきた1学期であったが，2学期に入り，ゆりちゃん自身にも集団の雰囲気から逃れようとする反面，何とか自分もそこに加わりたいと葛藤しているような様子が見られ始めたため，その葛藤に付き合いながら，少しずつクラス活動に参加できる方法を考えていこうという話し合いがなされていた。また，ゆりちゃんは，園内をぐるぐる回っているときも，何やら鼻歌を口ずさんでいることが多く，実は，歌や音楽は大好きだったのである。

　担任との間で，場面が変わってクラス活動が集まる雰囲気になる最初のうちは嫌がるかもしれないけれど，何が始まるのか分かったら，ゆりちゃんも喜んで加わってくるのではないかという話がなされていたため，なみき先生もこの場面（クラス活動への参加①）ではやや強引と思えるくらいゆりちゃんを引き留めていたが，担任がクラス全体とゆりちゃんとのタイミングを見計らってピアノを弾き始めた途端，ゆりちゃんは，予想どおりあっさりと自分から保育室へ戻ってきた。少々無理矢理と見えた関わりも，実はゆりちゃんの心の動きを察したうえでの関わりであり，このなみき先生だからこそ，揺らがずに，これ

から始まる活動について伝えることができたといえるのかもしれない。

　ただ，次に**ゆりちゃん**が，元気に歌う他の子ども達に交って，一本調子の大きな声で歌詞を読み始め，周りの子ども達から不満の声が上がったときには，**なみき先生**もどうしたものか困っている様子であった。助けを求めるように**さとう先生**の方を見ていたが，そのとき担任は，1フレーズごとに歌詞を伝えながら，新しい歌を歌うクラス全体への関わりに忙しくピアノの場所から動くことはできなかった。

　おそらく，この日の反省会では，**さとう先生**と**なみき先生**との間でこの場面の振り返りがなされたことだろう。また，他クラスの担任も交えた学年反省会や，週に1度の園全体での打ち合わせの際にも，この先の行事に向かうにあたって，**ゆりちゃん**のことが話題として話し合われたことと思われる。**ゆりちゃん**にとって，また，クラスの子ども達にとって，どのような活動や援助の仕方がよりふさわしいといえるのか，それぞれが，互いの考えを出し合い，真剣な話し合いがなされる。このように，園全体で個々の子どもの話題を共有し，子ども理解について対話を深めていくことが求められている。その中で，担任保育者と加配の保育者との具体的な連携のあり方に関しても，細かなやり取りが行われていく。その連携は，**なみき先生**を“手”としてのみ捉え，クラス活動がスムーズに進むことを優先して，機械的に持ち場や関わり方を指示するものであってはならないだろう。担任は，いつもそばにいて**ゆりちゃん**に対する深い考察を重ねてきている**なみき先生**の声にじっくりと耳を傾け，クラスの子ども達と**ゆりちゃん**との関係をどのように見守り，つなぎ，育てていったらよいかについて，日々の反省と考察を丁寧に積み重ねていく必要がある。

③　園と専門機関との連携・協力の必要性について

　ゆりちゃんについては，幼稚園以外にも通っている通園施設での経験が，幼稚園においても影響を及ぼしているようであった。母親との話から，**ゆりちゃん**が，歌詞カードの文字に大変な興味を示して，大声でそれを繰り返し読んでいたのも，通園施設で行われている個別プログラムと関係があるようだと**さとう先生**は感じていた。**ゆりちゃん**は，長年通っている通園施設での担当者との一対一の個別な関わりも気に入っていて，そこで経験した新しいことや，楽しかったことを幼稚園でもやりたいと願っているような様子が見られたからである。こうした家庭との連携を欠かさず，担任や加配保育者だけの負担とならないよう，園長や施設長の責務の下，まずは，園内全員で情報共有できる組織的体制を整えることが必要である。その際には，秘密保持という職業倫理に留意する必要がある。そして**ゆりちゃん**に対する個別の支援計画や指導計画を考えていくために，通園施設の担当者に子どもの様子や援助のあり方や方向性について確認し，専門的な立場からの助言を受け，子どもの生活全体から，その子が変化する姿を捉え，園生活においてどのような配慮や援助が必要とされているのか考えていく必要があるだろう。

　子どもや保護者の思いを大事にしながら，専門機関と適切に連携を図っていくことで，安心感や信頼の絆を育て，周囲の保護者の理解も得られるようになれば，**ゆりちゃん**だけでなく，子ども達の集団全体に，相手を互いに温かく肯定的に受け止める力や，それぞれのよさを認め合いながら育ち合う力が育まれていくことであろう。

文 献 一 覧

【第1章】
　　引用文献
(1)　倉橋惣三『倉橋惣三 育ての心（倉橋惣三選集第三巻）』フレーベル館，1965年，p. 12
(2)　日吉佳代子ほか『保育者として成長するために，共に育つ－関係発展の児童学入門』東京教
　　　科書出版，1986年，pp. 183〜184
　　参考文献
厚生労働省『保育所保育指針』（平成29年3月告示），2017年
永井憲一・寺脇隆夫・喜多明人・荒巻重人編『新解説 子どもの権利条約』日本評論社，2000年
高濱裕子『保育者としての成長プロセス』風間書房，2001年
津守 真『保育の体験と思索 子どもの世界の探求』大日本図書，1980年
津守 真『保育者の地平 私的体験から普遍に向けて』ミネルヴァ書房，1997年
内閣府・文部科学省・厚生労働省『子ども・子育て支援法（平成24年法律第65号）』2012年
内閣府・文部科学省・厚生労働省『幼保連携型認定こども園教育・保育要領』（平成29年3月告示），
　　2017年
内閣府『就学前の子どもに関する教育，保育等の総合的な提供の推進に関する法律の一部を改正
　　する法律（平成24年法律第66号）』2012年
文部科学省『幼稚園教育要領』（平成29年3月告示），2017年
文部科学省『資料1　学習評価の在り方について（加藤委員発表資料）』，http://www.mext.go.jp/
　　b_menu/shingi/chukyo/chukyo3/043/siryo/attach/1279315.htm（2018年1月閲覧）

【第2章】
　　引用文献
(1)　文部科学省『幼稚園教員の資質向上について－自ら学ぶ幼稚園教員のために（報告）』2002年
(2)　厚生労働省『保育所保育指針解説書』フレーベル館，2008年，p. 13
(3)　高濱裕子『保育者としての成長プロセス』風間書房，2002年，pp. 242〜243
(4)　文部科学省『中央教育審議会 今後の教員養成・免許制度の在り方について（答申）（教職実践
　　　演習（仮称）について』2008年

【第3章】
　　参考文献
厚生労働省『保育所保育指針〈平成29年告示〉』フレーベル館，2017年
関口はつ江・手島信雅編著『保育原理』建帛社，1998年
内閣府・文部科学省・厚生労働省『幼保連携型認定こども園教育・保育要領〈平成29年告示〉』フ
　　レーベル館，2017年
文部科学省『幼稚園教育要領〈平成29年告示〉』フレーベル館，2017年

【第4章】
　　引用文献
(1)　津守 真『保育者の地平－私的体験から普遍へ向けて－』ミネルヴァ書房，1997年，p. 48, p. 257
(2)　津守 真『子ども学のはじまり』フレーベル館，1979年，pp. 13〜20
(3)　文部科学省『幼稚園教育要領〈平成29年告示〉』フレーベル館，2017年，p. 5
(4)　文部科学省『幼稚園教育要領〈平成29年告示〉』フレーベル館，2017年，p. 10

(5)　厚生労働省『保育所保育指針〈平成29年告示〉』フレーベル館，2017年，p. 5

参考文献

あんず幼稚園『きのうのつづき－「環境」にかける保育の日々－』新評論，2012年

河邉貴子『遊びを中心とした保育－保育記録から読み解く「援助」と「展開」－』萌文書林，2005年

倉橋惣三『育ての心（上）』フレーベル館，2008年

柴崎正行『子どもが生き生きする保育環境の構成』小学館，1997年

高山静子『環境構成の理論と実践－保育の専門性に基づいて－』エイデル研究所，2014年

田中孝彦『子ども理解と自己理解』かもがわ出版，2012年

津守真『子どもの世界をどう見るか－行為とその意味－』NHKブックス，1987年

【第5章】

参考文献

植木信一編著『保育者が学ぶ家庭支援論』建帛社，2011年

小畑文也・鳥海順子・義永睦子編著『Q＆Aで学ぶ障害児支援のベーシック』コレール社，2013年

厚生労働省『保育所保育指針』（平成29年3月告示），2017年

内閣府・文部科学省・厚生労働省『幼保連携型認定こども園教育・保育要領』（平成29年3月告示），2017年

日本関係学会編『関係〈臨床・教育〉－気づく・学ぶ・活かす－』不昧堂出版，2011年

文部科学省『幼稚園教育要領』（平成29年3月告示），2017年

松村康平監修『関係学ハンドブック』日本関係学会，1994年

日本私立幼稚園連合会編『幼児の性格形成－関係発展の保育－』ひかりのくに，1976年

【第6章】

引用文献

(1)　エリザベス バークレイ・パトリシア クロス・クレア メジャー，安永 悟監訳『協同学習の技法－大学教育の手引き－』ナカニシヤ出版，2009年，p. 8

(2)　中島義明・安藤清志・子安増生ほか編著『心理学辞典』有斐閣，1999年，p. 762

(3)　見田宗介・栗原 彬・田中義久編『社会学辞典』弘文堂，1988年，p. 721

(4)　見田宗介・栗原 彬・田中義久編『社会学辞典』弘文堂，1988年，p. 254

【第7章】

参考文献

鯨岡 峻・鯨岡和子『保育のためのエピソード記述入門』ミネルヴァ書房，2007年

ノーマン デンジン・イヴォン リンカン『質的研究ハンドブック 2巻』北大路書房，2006年

【第8章】

参考文献

土屋明美監修『グループ活動を始める時に つながりを育む50のかかわり技法』ななみ書房，2013年

日本関係学会編『関係〈臨床・教育〉－気づく・学ぶ・活かす－』不昧堂出版，2011年

【事例2】

参考文献

榲田二三子「探索行動から社会性への発達過程に関する一考察－親密さの萌芽－」『武蔵野大学教育研究所紀要』，第1巻第1号，2012年，pp. 15〜26

厚生労働省『保育所保育指針〈平成29年告示〉』フレーベル館，2017年

索　引

[メ　モ]

〔編著者〕

小原　敏郎　共立女子大学教授　　　　　　　　第2章，第6章，事例5
（おはら　としお）
神蔵　幸子　元洗足こども短期大学教授　　　　第3章，第8章
（かんぞう　さちこ）
義永　睦子　武蔵野大学教授　　　　　　　　　第1章，第5章，第8章
（よしなが　むつこ）

〔著　者〕（五十音順）

榎田二三子　武蔵野大学教授　　　　　　　　　第7章，事例2
（えのきた　ふみこ）
岸井　慶子　東京家政大学教授　　　　　　　　第9章
（きしい　けいこ）
永倉みゆき　静岡県立大学教授　　　　　　　　事例3
（ながくら）
西村　美紀　大谷大学准教授　　　　　　　　　事例4
（にしむら　みき）
宮川萬寿美　小田原短期大学教授　　　　　　　事例1
（みやかわ　ますみ）
矢萩　恭子　和洋女子大学教授　　　　　　　　第4章，事例6
（やはぎ　やすこ）

　〔イラスト〕黒須　和清
（くろす　かずきよ）

保育・教職実践演習〔第2版〕
　　―保育者に求められる保育実践力―

2013年（平成25年）2月20日　初版発行～第3刷
2018年（平成30年）3月1日　第2版発行
2020年（令和2年）8月5日　第2版第2刷発行

　　　　　　　　　　　　　小　原　敏　郎
　　　　　　　編 著 者　　神　蔵　幸　子
　　　　　　　　　　　　　義　永　睦　子
　　　　　　　発 行 者　　筑　紫　和　男
　　　　　　　発 行 所　　株式会社 建帛社
　　　　　　　　　　　　　　　　 KENPAKUSHA

〒112-0011　東京都文京区千石4丁目2番15号
　　　　　TEL（03）3944-2611
　　　　　FAX（03）3946-4377
　　　　　https://www.kenpakusha.co.jp/

ISBN 978-4-7679-5077-8　C 3037　　　　　　　幸和印刷／常川製本
© 小原敏郎・神蔵幸子・義永睦子ほか，2013，2108.　　Printed in Japan
（定価はカバーに表示してあります）